Fundamentos de la fe cristiana

Congregacion Hispana
Christian Fellowship Church
21673 Beaumeade Circle
Ashburn, VA 20147
(Puerta # 100)
703-724-4925
www.cfellowshipc.org

Volumen I

Una serie
de estudios bíblicos
para sentar bases en creyentes

por

Harold McDougal

Publicado por:

Editorial McDougal

P.O. Box 3595
Hagerstown, MD 21742-3595

Español: ISBN 1-884369-21-9

Impreso en los Estados Unidos de América
para distribución a nivel mundial.

Dedicado a:

Todos aquellos que tienen hambre y sed de justicia.

Sugerencias para el uso de este material

"Fundamentos de la fe cristiana" se ha desarrollado durante aproximadamente 20 años de enseñanza en diversos institutos bíblicos de Asia, América Latina y África; por lo cual, tiene dos grandes ventajas:

1. **Es transcultural.** Significa que sus enseñanzas se aplican a personas con diferentes trasfondos culturales.

2. **Es sencillo.** La versión en inglés utilizó únicamente 1200 palabras distintas, facilitando su uso en muchas países y, también, su traducción.

"Fundamentos de la fe cristiana" está organizado con un formato propio, para usarse en la aula bajo la dirección de un maestro. Reconociendo que hay una crisis de liderazgo en los campos de la cosecha mundial y que hay, además, urgencia para entrenar hombres y mujeres sinceros, diseñé este texto para proveer un sistema de preparación que responda a la gran necesidad. Como prueba de la eficacia de este libro, su texto es utilizado actualmente a nivel mundial en varios centros de entrenamiento.

También, *"Fundamentos de la fe cristiana"* se puede utilizar con grupos de estudio bíblico, con grupos de casa, con grupos en la iglesia, y aun como una guía para los estudios bíblicos dominicales. Los ministros que tienen obras en las cárceles encontrarán en las lecciones de este libro exactamente lo que necesitan para establecer buenas bases de conocimientos cristianos en aquellos hombres y mujeres a quienes minístran constantemente.

Hay, además, otros usos para este libro:

1. *"Fundamentos de la fe cristiana"* es útil como **material de consulta.** Puesto que el libro abarca la doctrina cristiana fundamental, la vida y las enseñanzas de Cristo, la oración, la fe y la historia de los primeros cristianos en *Hechos de los Apóstoles*, las lecciones que siguen constituyen una fuente valiosa de material para pastores, maestros de la escuela dominical, y líderes juveniles. Para facilitar su función, los índices ayudan a localizar el tema preciso con eficacia.

2. *"Fundamentos de la fe cristiana"* es útil como **una guía personal de estudio** para aquellos que sienten la necesidad de prepararse en alguna área de los fundamentos cristianos. Por ejemplo, los pastores, durante la preparación preliminar de una predicación sobre un tema en particular, encontrarán estas enseñanzas útiles para revisar temas bíblicos relacionados con su mensaje.

3. Si bien, *"Fundamentos de la fe cristiana"* no está recomendado para la lectura casual, muchos lo encontrarán útil para **refrescar la memoria**.

4. Una persona estudiosa y disciplinada podrá usar *"Fundamentos de la fe cristiana"* **como un curso de instituto bíblico para estudiar en casa.**

5. *"Fundamentos de la fe cristiana"* puede ser usado efectivamente **como guía, aun para enseñar a niños** de temprana edad.

Método usado para los estudios

La Biblia se explica a sí misma y es su mejor comentario. Por lo tanto, el método de estudio usado en este libro está apoyado en el mismo texto de la Palabra de Dios. Así que, cuando el estudioso no logra entender cierto pasaje bíblico, debe leer algunos pasajes similares y, de esta manera, se aclarará su pensamiento sobre el tema. Muchas falsas doctrinas están basadas en un sólo pasaje de la Escritura (frecuentemente sacado del contexto). Si lee varios pasajes relacionados con el mismo tópico, la verdad que Dios quiere revelar será aclarada, y las falsas doctrinas aparecerán como interpretaciones absurdas.

Quienes pueden leer la Biblia en varios idiomas tienen una gran ventaja. Se dice que al leer un pasaje bíblico en diferentes idiomas, su significado se torna claro. Muchas personas no tienen esta ventaja. En cambio, para ellos, leer varios pasajes, por ejemplo, uno de los libros de Moisés, uno de Salmos, uno de los profetas, uno de las palabras de Jesús, y otro de Pablo, puede ser el mejor método para ayudar a comprender la santa Palabra de Dios.

Cuando lee la Palabra de Dios, hágalo con emoción y esperanza. Si está frente a un grupo, tome un tiempo y lea los versículos que desea enfatizar. Hágalo con entusiasmo y unción. Nunca es aburrida la Palabra de Dios.

¿Dónde empezar?

El concepto total de *"Fundamentos de la fe cristiana"* es establecer una base completa, sea con un individuo, como también en un grupo. No se debe saltar de un tema de estudio simplemente por falta de interés, o porque se piensa que no será interesante para el grupo. Si tiene buen fundamento en cierta área de la doctrina, posiblemente no necesita tomar mucho tiempo en la enseñanza relacionada. Sin embargo, no se debe frustrar el sistema, saltando, buscando solamente los temas de mayor gusto. Establezca una base completa.

Si está preparando para enseñar un tema particular, lea la mayor cantidad posible de los pasajes relacionados. Luego, podrá decidir qué pasajes se puede usar en la enseñanza formal. No debe presentarse a un grupo y leer directamente de los bosquejos que forman parte de este libro, sino estudiar el material y hacer que sea suyo. Luego, podrá enseñar con la unción del Espíritu Santo.

Índice

Abreviaturas usadas en este libro

El Antiguo Testamento

Génesis	Gn.	Eclesiastés	Ec.
Éxodo	Ex.	Cantares	Cnt.
Levítico	Lv.	Isaías	Is.
Números	Nm.	Jeremías	Jer.
Deuteronomio	Dt.	Lamentaciones	Lm.
Josué	Jos.	Ezequiel	Ez.
Jueces	Jue.	Daniel	Dn.
Rut	Rt.	Oseas	Os.
1º de Samuel	1 S.	Joel	Jl.
2º de Samuel	2 S.	Amós	Am.
1º de Reyes	1 R.	Abdías	Abd.
2º de Reyes	2 R.	Jonás	Jon.
1º de Crónicas	1 Cr.	Miqueas	Mi.
2º de Crónicas	2 Cr.	Nahúm	Nah.
Esdras	Esd.	Habacuc	Hab.
Nehemías	Neh.	Sofonías	Sof.
Ester	Est.	Hageo	Hag.
Job	Job	Zacarías	Zac.
Salmos	Sal.	Malaquías	Mal.
Proverbios	Pr.		

El Nuevo Testamento

Mateo	Mt.	1ª a Timoteo	1 Ti.
Marcos	Mr.	2ª a Timoteo	2 Ti.
Lucas	Lc.	A Tito	Tit.
Juan	Jn.	A Filemón	Flm.
Hechos de los		A los Hebreos	He.
Apóstoles	Hch.	Santiago	Stg.
A los Romanos	Ro.	1ª de Pedro	1 P.
1ª a los Corintios	1 Co.	2ª de Pedro	2 P.
2ª a los Corintios	2 Co.	1ª de Juan	1 Jn.
A los Gálatas	Gá.	2ª de Juan	2 Jn.
A los Efesios	Ef.	3ª de Juan	3 Jn.
A los Filipenses	Fil.	S. Judas	Jud.
A los Colosenses	Col.	Apocalipsis	Ap.
1ª a los Tesalonicenses	1 Ts.		
2ª a los Tesalonicenses	2 Ts.		

Los fundamentos

Índice

El propósito de estudiar los fundamentos

Existen muchos temas interesantes en la fe cristiana, pero numerosos creyentes, especialmente los que son nuevos, son culpables de saltar el estudio de las verdades fundamentales para investigar los eventos futuros, los dones espirituales y hasta verdades ministeriales. Es verdad que todos estos asuntos son valiosos y desafiantes, mas Jesús enseñó que una casa sin fundamento no puede permanecer (Mateo 7:24-27).

Al enseñar a nuevos creyentes, estamos tratando con almas, las cuales Jesús nos instruyó a valorar más que cualquier cosa en el mundo. No podemos darnos el lujo de suponer que los que recién comienzan los caminos de Dios ya conocen los principios de su fe. Primero, las piedras de los cimientos deben estar bien asentados, ya que lo demás será construido sobre ellos. Jesús dijo: *"Que guarden todas las cosas que os he mandado..."* (Mateo 28:20).

Las verdades doctrinales que presentamos en esta sección del libro se consideran entre las doctrinas principales de la Biblia, y serán presentadas por medio de bosquejos sencillos. El lector no tiene que estar de acuerdo con el autor en cada asunto para ser bendecido por Dios, o para llegar al cielo. He intentado evitar temas controversiales y he presentado únicamente las verdades cristianas básicas, de las cuales la mayoría de los padres de la Iglesia se han adherido a través de los siglos.

¡Conocerán la verdad y la verdad os hará libres!

Introducción a los fundamentos

Texto bíblico: Hebreos 6:1-6

Significado: La palabra "fundamentos" se refiere a las bases (doctrinas, enseñanzas, o instrucciones) que son esenciales para la fe y la vida cristiana.

Verdad central: ¡La casa que no tiene buen cimiento caerá cuando llegue la tempestad!

La creencia de que la doctrina no es importante es falsa. Si no fuese por la doctrina, no podríamos responder a las siguientes preguntas:

¿Cuál camino debo escoger?

¿Cuál es la religión correcta?

¿Cuál líder tiene la razón?

¿Cuál es la voz de Dios?

No obstante, tampoco podemos decir que la doctrina (teología) es todo, pues existen peligros:

Conocimiento intelectual sin experiencia

Orgullo espiritual

Argumentos sobre la doctrina

Dios, muchas veces, ha bendecido a personas que no han tenido una buena teología.

Ejemplos bíblicos son:

Rut   Rut 1:4 y 14-17

Rahab   Jos. 6:25

Cornelio   Hch. 10:25-26

Los fundamentos pueden basarse en:

La experiencia (Doctrinas históricas y eclesiásticas)

Doctrinas históricas son buenas y aceptables cuando provienen de las experiencias de los verdaderos siervos de Dios.

Doctrinas eclesiásticas son buenas y aceptables cuando no contradicen a la Palabra de Dios.

La Palabra de Dios (Doctrina bíblica)

Nuestro mayor interés en este estudio son las doctrinas bíblicas, las bases bíblicas, que conforman la teología bíblica.

Los fundamentos son necesarios para:

Conocer la verdad personalmente y compartirla con los demás.

Desarrollar el carácter cristiano.

Protegerse a sí mismo de un error que puede robarle las bendiciones de Dios o destruirle completamente.

¡Vamos adelante a la perfección!

Dios: El Padre

Texto bíblico: Deuteronomio 4:39, Isaías 44:6 y Apocalipsis 1:11

Significado: El Ser Supremo, El Divino

Verdad central: ¡Dios no puede ser explicado con nuestro entendimiento humano! ¡No puede ser comparado con ningún hombre ni con ningún poder! (A excepción de Jesús, el Hombre, quien era Dios hecho carne.)

DIOS:

Es Espíritu.	Jn. 4:24 y He. 11:27
Es una persona, pero no humana.	Nm. 23:19
Tiene un cuerpo:	
Espalda	Ex. 33:23
Corazón	Gn. 6:6
Manos	Sal. 8:3-6
Rostro	Nm. 12:8
Labios	Is. 30:27
Ojos	Sal. 11:4
Oídos	Sal. 18:6
Es activo:	
Se sienta.	He. 1:3 y Dn. 7:9
Vive en una casa.	Jn. 14:2-3
Come.	Gn. 18:1-8
Camina.	Gn. 3:8
Tiene sentimientos:	
Dolor y arrepentimiento	Gn. 6:6
Enojo	1 R. 11:9
Celos	Ex. 20:5

Odio	Pr. 6:16
Amor	Jn. 3:16
Compasión	Sal. 103:13
Deleite	Sal. 147:10

Puede ver y ser visto.

    Fue visto por varias personas:

Abraham	Gn. 12:7 y 17:14
Isaac	Gn. 26:2
Jacob	Gn. 35:9
Moisés	Ex. 3:16
Salomón	1 R. 3:5 y 9:2
David	2 Cr. 3:1

    Fue visto más de 40 veces en la Biblia.

(Se reveló a sí mismo en parte.)	Jn. 1:8 y 1 Jn. 4:12

Tiene los atributos de la divinidad:

Eterno	Sal. 90:1-2 y Gn. 21:23
Inmutable	Mal. 3:6
Omnipotente	Gn. 17:1
Omnisciente	Sal. 139:4, 1 Jn. 3:20 y He. 4:13
Omnipresente	Jer. 23:24, Is. 66:1 y Sal. 139:7-8
Inmortal	1 Ti. 1:17
Inmensurable	Is. 40:12, 15 y 22

Infinito en:

Presencia	1 R. 8:27
Poder	Mt. 28:18

Obras	Mt. 19:26
Tiempo	Sal. 90:2
Conocimiento	Ro. 11:23
Grandeza	Sal. 145:3
Santidad	Lv. 11:45
Justicia	Dt. 32:4
Fidelidad	2 Ti. 2:13
Amor	1 Jn. 4:8
Bondad (el ser bueno)	Sal. 145:9
Perfección	Sal. 18:30
Sabiduría	Sal. 104:24 y Pr. 3:19
Providencia	Job 38:41
Clemencia	Sal. 145:8
Misericordia y piedad	Ex. 34:6-7
Es uno.	Dt. 6:4 y 1 Ti. 1:17
Se manifiesta en tres personas: El Padre, el Hijo, y el Espíritu Santo. Por lo tanto, se le conoce a Dios como la "Trinidad".	
La palabra "Trinidad" no se encuentra en la Biblia, pero su verdad se encuentra muchas veces en sus páginas.	Dn. 7:9-14, Mt. 3:16-17, Hch. 7:54-60 y 1 Jn. 5:5-11

La existencia de Dios se prueba por:

La complejidad de la creación.	Ro. 1:19-20, Job 12:7-25 y 38:4-6
La creencia universal en un ser supremo.	Hch. 17:22-28 y Ro. 1:20
La sed espiritual universal.	Sal. 42:2
La dependencia.	Sal. 107:4-6, 9, 13, 19, 28 y Jon. 1:5-16
La vida, la muerte y la resurrección de Jesucristo.	

La historia	Sal. 75:7, Dn. 2:21 y 5:21
La Biblia	Gn. 1:1

El nombre de Dios

Jehová (YHVH): *"YO SOY EL QUE SOY."*	Ex. 3:14
Su nombre usa tres tiempos gramaticales, e implica eternidad.	Gn. 1:1,26, 11:7 e Is. 6:8

Elohim y Jehová Elohim: El poderoso y fiel; quien promete y cumple.

Es el tiempo presente del verbo "ser", donde se usa en conexión con la poderosa acción creadora que ejerció. Implica pluralidad en la unidad (la Trinidad).

El Elyón: El Altísimo	Gn. 14:18

El Dios Poderoso, Dios Omnipotente, El Altísimo, quien es el dueño de los cielos y la tierra.

El Olam: El Eterno o Perpetuo	Gn. 21:33
DIOS Eterno.	Sal. 90:2
El Shaddai: DIOS Omnipotente	Ex. 6:3

El Todopoderoso (Shad: "maternal"). Dios omni-suficiente para las necesidades de su pueblo (más que suficiente).

Adonai y Adonai Jehová: Señor o Amo	Gn. 15:2 y Ex. 23:17

Quien tiene el gobierno, dominio y control del universo.

Jehová Jireh: El Señor, nuestro proveedor	Gn. 22:14
Jehová Nisi: El Señor, nuestro estandarte	Ex. 17:15
Jehová Rofe: El Señor, nuestro sanador	Ex. 15:26
Jehová Rohi: El Señor, nuestro pastor	Sal. 23:1
Jehová Salom: El Señor, nuestra paz	Jue. 6:24
Jehová Sama: El Señor, quien está presente	Ez. 48:35
Jehová Tsidkenu: El Señor, nuestra justicia	Jer. 23:6

A pesar de su grandeza, Dios puede ser conocido. | Hch. 17:24-28

Los dioses:

¿Existen?

(Nótese los textos bíblicos citadas al inicio de la lección.)

¿Qué son ellos entonces? | 1 Co. 10:20

Algunos dioses falsos mencionados en la Biblia:

Moloc	dios de Amón	Lv. 18:21
Baal	dios de los cananeos	Jue. 2:13
Astarot	diosa de los sirios	Jue. 2:13
Baal-zebub	dios de Ecrón	2 R. 1:2-6
Dagón	dios de los filisteos	1 S. 5:2-9
Diana	diosa de los efesios	Hch. 19:24-25
Júpiter	dios supremo de los romanos	Hch. 14:12-13

Las religiones modernas tienen muchos falsos dioses.

Tú puedes hacer un dios de una persona, e incluso, de ti mismo.

Puedes hacer un dios del dinero, tu profesión, tu familia, tu hogar o cualquier otra cosa que aleje tu adoración del Dios vivo y verdadero.

¡Jehová es Dios arriba en el cielo y abajo en la tierra!

Lección 3

Dios: El Hijo

Texto bíblico: Mateo 17:5 y Romanos 8:3

Significado: La segunda persona de la Trinidad es Cristo, el Mesías, el Ungido.

Verdad central: ¡Dios se manifestó a sí mismo en carne para salvar al hombre pecador!

Su divinidad (Él es perfectamente Dios)

"...Hijo nos es dado..."	Is. 9:6
Él existió antes que todo lo creado.	Jn. 17:5
Él fue engendrado en la eternidad.	Sal. 2:7 y He. 1:5-9
Él estuvo presente en el Antiguo Testamento:	
"El Ángel de Jehová"	Gn. 18:2-3 y 22:15
(Es una manifestación reconocida de la presencia divina.)	
Véase también:	Gn. 32:24-30 e Is. 63:9
"Príncipe del ejército de Jehová"	Jos. 5:13-15
Su encarnación:	
Profetizada	Is. 9:6 y Gá. 3:15
Cumplida	Mt. 1:21 y Gá. 4:4
Su ministerio, muerte, resurrección y ascensión; todas son evidencias de su divinidad, tal como fue profetizado.	Is. 42:6-7, 49:6, 52:13-15 y 61:1-2
Tanto sus obras como sus enseñanzas testifican de su divinidad.	Mt. 8:27 y Lc. 4:32
Él nunca rehusó ser adorado como Dios.	Jn. 9:38, Mt. 28:9 y Jn. 20:28
Hablando de sí mismo, Cristo dio testimonio de su divinidad:	
"Salí del Padre ..."	Jn. 16:28

El Padre *"Me envió."*	Mt. 11:27, Jn. 12:45 y 17:25
Él y su Padre son uno: *"El que me ha visto a mí, ha visto al Padre."*	Jn. 14:9-11, 10:38 y 17:21
Él se declaró como el *"Yo soy…"*	Jn. 8:58, 9:5-9, 10:7-14 y 18:5
Él perdonó los pecados.	Mr. 2:5, Lc. 7:47-48 y Mt. 26:28
Él se declaró capaz de resucitar a los muertos.	Jn. 6:39-40,54, 10:17-18 y Mr. 9:10
Él se declaró como el Salvador.	Mr. 5:34, Lc. 7:50, Jn. 3:16 y Lc. 19:10

Acerca de su divinidad, tenemos el testimonio de:

Juan el Bautista	Jn. 1:29-34
Los discípulos	Mt. 16:16, Jn 1:1-3, 20:28, Hch. 2:33-36 y 2 P. 3:18
El Padre	Jn. 5:37-38 y Mt. 3:17
El Espíritu Santo	Jn. 16:13-14
Las Escrituras	Jn. 5:39 y Lc. 14:27

Su humanidad (Él era perfectamente hombre):

Nació como un niño.	Is. 9:6
Fue circuncidado.	Lc. 2:7, 10-12 y 21-24
Se desarrolló normalmente.	Lc. 2:42 y 52
Tuvo hambre y sed.	Mt. 4:2 y Jn. 4:7-8
Se cansaba y dormía.	Mr. 4:38 y Mt. 8:24
Lloraba.	Lc. 19:41 y Jn. 11:35
Fue tentado.	Mt. 4:1
Murió.	Mt. 27:50 y Jn. 19:33

Algunos de sus nombres (hay más de 100 en las Escrituras):

El alfa y la omega	Ap. 1:8 y 22:13
El creador	Jn. 1:3 y 1 P. 4:19
La puerta	Jn. 10:7
Príncipe de paz	Is. 9:6
El redentor	Is. 59:20
La piedra de tropiezo	Ro. 9:33
El salvador	Lc. 2:11
El nazareno	Mt. 2:23
Emanuel	Mt. 1:23
El juez justo	2 Ti. 4:8
La luz	Jn. 8:12
El mediador	1 Ti. 2:5
El mesías	Dn. 9:25 y Jn. 1:41
El Hijo de Dios	Mt. 2:15
El Hijo de David	Mt. 9:27
El Hijo del hombre	Mt. 8:20
El buen pastor	Jn. 10:11
La vid verdadera	Jn. 15:1
El pan del cielo	Jn. 6:32
El Príncipe de los pastores	1 P. 5:4
Consejero	Is. 9:6
La cabeza de la Iglesia	Ef. 1:22 y 5:23
El cordero de Dios	Jn. 1:29
Varón de dolores	Is. 53:3

El Verbo	Jn. 1:1 y Ap. 19:13
La resurrección y la vida	Jn. 11:25
La estrella resplandeciente de la mañana	Ap. 22:16
Rey de reyes, Señor de señores	1 Ti. 6:15
La rosa de Sarón, el lirio de los valles	Cnt. 2:1
El camino, la verdad, y la vida	Jn. 14:6
Yo soy	Jn. 8:23-24, 58, 13:19 y Ex. 3:14

Su nombre:

Es maravilloso.	Is. 9:6 y Fil. 2:9-11
Debe ser usado en oración y servicio.	Lc. 24:47, Jn. 14:13, 20:31, Ef. 5:2, Hch. 3:6,16 y 16:18
Es el único en quien hay salvación.	Hch. 4:12

Él está a la diestra de Dios, intercediendo por nosotros.	He. 7:25, 1 Ti. 2:5 y 1 Jn. 2:1
Él vendrá otra vez.	Hch. 1:10-11 y He. 9:28
Habrán falsos cristos. Véase:	Mt. 24:5,24, Mr. 13:22, Hch. 5:36-37 y 8:9

¡Tú eres el Cristo!

Lección 4

Dios: El Espíritu Santo

Texto bíblico: Génesis 1:2

Significado: La tercera persona de la Trinidad.

Verdad central: ¡Estamos viviendo en la dispensación del Espíritu Santo!

Él es una persona quien:

Habla.	Hch. 13:2, 10:19 y 21:11
Dirige.	Hch. 16:6-7, Ro. 8:14-16 y 26-27
Tiene voluntad.	Jn. 16:13 y 1 Co. 12:11
Tiene sensibilidad.	Ef. 4:30
Enseña.	Jn. 14:26

Él es Dios

He. 5:3-4

Su estatura y relación con el Padre y el Hijo, véase: Lc. 3:22, Mt. 28:19, Jn. 14:26, 15:26 y 16:7-15

Sus nombres

El Espíritu:

de Dios	Ro. 8:9
de Cristo	Ro. 8:9
del Señor	Is. 11:2 y Lc. 4:18
de sabiduría	Is. 11:2 y Ef. 1:17
de inteligencia	Is. 11:2
de consejo	Is. 11:2
de poder	Is. 11:2
de conocimiento	Is. 11:2
del temor de Jehová	Is. 11:2
de gracia	He. 10:29
de oración	Zac. 12:10
de juicio y devastación	Is. 4:4

de verdad	Jn. 15:26
de promesa	Ef. 1:13
de vida	Ro. 8:2
de adopción	Ro. 8:15
El Consolador	Jn. 15:26
El Espíritu Santo	Hch. 1:8

Símbolos del Espíritu Santo:

El fuego	Lc. 3:16, Jer. 20:9 y Hch. 2:3
El viento	Ez. 37:9, Jn. 3:8 y Hch. 2:2
El agua	Ez. 36:25, 47:1 y Jn. 4:14
El sello	Ef. 1:13, 2 Ti. 2:19 y Ap. 7:3
El aceite	Mt. 25:3-4
La paloma	Lc. 3:22

Su presencia en el Antiguo Testamento

En la obra de la creación, sus atributos divinos fueron revelados por su:	
Omnipotencia.	Gn. 1:2, Job 26:13, 33:4 y Sal. 104:30
Omnipresencia.	Sal. 139:7
Él es dador de todo entendimiento espiritual.	Job 32:8
Él es quien reviste a los siervos de Dios con poder.	Sal. 51:12, Jl. 2:28, Mi. 3:8 y Zac. 4:6
En el designio divino del Antiguo Testamento el Espíritu Santo actuó de manera soberana, y vino sobre ciertos hombres, e incluso, un asno.	Nm. 22:28
Por causa de la muerte y resurrección de Cristo, el creyente del Nuevo Testamento, quien está lleno del Espíritu Santo, se regocija en el beneficio de la presencia del Espíritu en su vida.	

La presencia del Espíritu Santo en Cristo:	
En su persona	Lc. 1:35, Mt. 1:20, 3:16, Lc. 3:22 y 4:18
En su ministerio	Hch. 10:38
En su muerte y resurrección	He. 9:14, Ro. 1:4 y 8:11
(Por lo tanto, Cristo es el dador y el que bautiza al creyente con el Espíritu Santo.)	
Su presencia en la Iglesia	
Él convierte y regenera a la persona.	Jn. 16:7-11
Él unifica a los creyentes en un cuerpo.	1 Co. 12:13
Él está presente en el creyente y lo sella como propiedad divina, y le constituye en templo de Dios.	Ef. 1:13-14, 2:22, Jn. 14:7, Ro. 8:9, 1 Co. 6:19, 2 Ti. 1:14, 1 Jn. 2:27 y 3:24
Él es el único vicario de Cristo en el creyente y en el mundo.	Jn. 16:13-14
Él es la presencia espiritual de Cristo en la Iglesia.	Ro. 8:9 y 1 Co. 1:27
Él realiza la santificación en el creyente.	1 P. 1:23 y 1 Co. 6:19
Él reviste con poder a quien quiera que pide a Dios el bautismo en el Espíritu Santo.	Hch. 1:8
Él da su gracia, amor y poder al creyente diligente que anhela investirse con Él.	Jl. 2:28, Hch. 1:4-5 y 8
Él reparte sus dones según su voluntad.	1 Co. 12:11
Él continuamente desea llenar de su virtud al creyente para que ande con su dirección y poder.	Ef. 5:18, Ro. 8:14 y Hch. 4:31
El creyente siempre debe buscar llenarse con el Espíritu Santo para renovar su mente y vivir por el Espíritu de Dios.	Ef. 4:23 y 1 Co. 2:4

¡Todos los que son guiados por el Espíritu de Dios, éstos son hijos de Dios!

La creación

Texto bíblico: Génesis 1:1

Significado: La manera en que el mundo y sus habitantes llegaron a ser.

Verdad central: La creación no es un accidente de la naturaleza, sino la obra magnífica de las manos poderosas de Dios.

La teoría de la evolución no tiene base científica, histórica, o bíblica.

No es siquiera racional.

Es una mentira de Satanás para destruir la fe en Dios, y debe ser rechazada.

La misma complejidad de la creación es una prueba de que la evolución no pudo haber ocurrido.

La historia de la Biblia respecto a la creación es auténtica y verdadera.

El hombre no ha logrado duplicar los elementos más simples de la naturaleza.

Carlos Darwin, antes de su muerte, renunció a la teoría de la evolución, diciendo, "Yo era joven, sin ideas formadas. Para mi asombro, entre la gente, esas ideas se prendieron como fuego salvaje e hicieron de ellas una nueva religión."

Dios creó:

Una naturaleza limpia y balanceada.	Gn. 1:31
Un hombre perfecto.	Gn. 1:27
Un mundo de orden, paz y tranquilidad.	Gn. 1:28-30
Pero Dios también creó la adversidad para darle al hombre una alternativa.	Is. 45:7

¡Tú creaste todas las cosas!

Lección 6

El hombre

Texto bíblico: Génesis 1:26-31, 2:7 y 3:6-8

Significado: El ser humano es la corona de gloria de la creación de Dios.

Verdad central: ¡Dios creó al hombre para ser su compañero por la eternidad!

El hombre:

Fue creado por Dios.	Gn. 2:7
Fue creado a la imagen de Dios.	Gn. 1:27
Fue creado para tener dominio sobre toda la creación.	Gn. 1:28
Fue creado perfecto o "bueno".	Gn. 1:31
Era inmortal (antes de pecar).	Gn. 2:17
Era sabio.	Gn. 2:19-20
Era sano. (Los primeros hombres vivieron cientos de años, quizás porque la enfermedad, que es parte de la maldición, no se había extendido todavía.)	
Cayó a causa de la desobediencia a Dios.	Gn. 3:1-6
Perdió su salud.	Gn. 3:19
Perdió la bendición de Dios.	Gn. 3:24
Perdió la vida eterna.	Gn. 3:22-23
Perdió sus derechos.	Gn. 1:28
Es el único "animal" que tiene raciocinio.	Gn. 1:28
Está conformado por cuerpo, alma, y espíritu.	1 Ts. 5:23 y He. 4:12
Es un pecador por naturaleza.	Jer. 17:9 y Mr. 7:21-23
Debe ser redimido.	Jn. 3:3-5

Luego de que el hombre ha sido redimido, puede recobrar todo lo que perdió en el Edén y llegar a ser un nuevo hombre.	1 Co. 15:2-22
Cuando hablamos de "hombre", generalmente lo hacemos como lo hace la Biblia, haciendo referencia a toda la humanidad: hombre y mujer.	Gn. 1:27
Con la redención final, el hombre podrá recuperar algo de las pérdidas sufridas en la caída.	Ap. 21:4

¿Qué es el hombre, para que te acuerdes de él?

El pecado

Texto bíblico: Santiago 1:15 y 1 Corintios 15:56

Significado: Una transgresión voluntaria a la ley de Dios.

Verdad central: ¡El pecado ha separado el hombre de su Creador!

En el Antiguo Testamento, la palabra pecado tuvo varios significados:

Error

Falsedad

Perversidad

Maldad

Violencia o conducta injuriosa

Rotura de la ley de Dios

Blasfemia

Inmundicia

Transgresión

Vanidad

Engaño

Escarnio

Algunos significados del pecado en el Nuevo Testamento:

Impiedad	Ro. 1:18 y 2 Ti. 2:16
Transgresión	Ro. 11:12
Incredulidad	Mt. 17:17 y Ro. 14:23
Desobediencia	He. 2:2
Ignorancia	He. 9:7

Caída	2 P. 1:10 y Jud. 24
Infracción	1 Jn. 3:4

En otras palabras, el pecado es la obstinación soberbia de la voluntad humana.

El origen del pecado fue:

La desobediencia de Adán y Eva en el huerto de Edén.

Génesis 3
versículo 6

El autor del pecado fue:

Satanás.

versículos 1-4

El resultado del pecado para:

El hombre	versículos 17-18
La mujer	versículo 16
La serpiente	versículos 14-15
Toda la creación	versículos 17-18

Las consecuencias del pecado

Arruinó la imagen divina en el hombre.

Col. 3:10

(Ahora, el hombre debe ser creado nuevamente a la imagen de Dios.)

Se introdujo el pecado.

Ro. 3:23, 5:12 y Gá. 3:22

Trajo el conflicto interno.

Ro. 7:23

El remedio para el pecado:

Cristo

Ro. 6:23

¡El pecado no se enseñoreará de vosotros!

La vida y la muerte

Texto bíblico: Deuteronomio 30:15

Significado: Vida es la existencia física y espiritual.
Muerte es la extinción, la ausencia de la vida.

Verdad central: ¡Cristo es la vida, y tiene en su mano las llaves de la muerte!

La vida física es:

Dada por Dios.	Gn. 2:7 y 1 S. 2:6
Breve, como:	Sal. 89:47
Sombra que no dura	1 Cr. 29:15
Un pensamiento	Sal. 90:9
La hierba	Sal. 102:11
Neblina que se aparece por un poco de tiempo	Stg. 4:14
Tan solamente una oportunidad en la preparación para la eternidad.	
Preciosa.	Mt. 16:26
Puede ser prolongada mediante una vida virtuosa.	Ex. 20:12, Dt. 32:47, Pr. 4:20-22 y 11:19

La vida espiritual:

Es el galardón para una vida recta y justa.	Lc. 10:27-28, Ro. 10:5 y Gá. 3:12
Se conoce como la "vida nueva", y requiere un nuevo nacimiento.	Ez. 36:26, Jn. 1:13, 3:3, Co. 5:17, Tit. 3:5, 1 P. 1:3, 23, 1 Jn. 2:29, 3:9, 4:7 y 5:1
Se consigue a través de:	
Renunciar al mundo.	Lc. 18:28-30
Tener fe en Cristo.	Jn. 3:14-16, 36, 5:24 y 20:31

Servir a Cristo.	Jn. 4:35-36
Sacrificarse a sí mismo.	Jn. 12:25
Conocer a Dios.	Jn. 17:3
Sembrar para el Espíritu.	Gá. 6:8
Es sustentada por la Palabra de Dios.	Dt. 8:3 e Is. 55:3
Es la muerte al pecado y al yo.	2 Co. 4:11, 5:15 y Gá. 2:20
Se demuestra con amor.	1 Jn. 3:14
Es inmarcesible.	1 P. 1:4
Es eterna.	Dn. 12:2, Mt. 25:46, Jn. 6:27, 10:28, 6:22, 1 Ti. 6:19, Tit. 1:2, 1 Jn. 2:25 y Jud. 21

¡Tú tienes palabras de vida eterna!

La vida y la muerte

La muerte:

Es universal.	2 S. 14:14, Job 30:23, Sal. 49:10, Ec. 8:8, Ro. 5:12 y He. 9:27
(Solamente hay record de dos hombres en toda la historia que escaparon la muerte.)	2 R. 2:11 y He. 11:5
Se compara con el dormir.	Dt. 31:16, Job 7:21, Dn. 12:2, Mr. 5:39, Jn. 11:11, Hch. 13:36, 1 Co. 15:6 y 1 Ts. 4:13-15
Está en el mundo por causa del pecado.	Ro. 5:12

Para los justos es:

Deseable.	Nm. 23:10
De enfrentarse sin temor.	Sal. 23:4
Preciosa.	Sal 116:15
Llena de esperanza.	Pr. 14:32
Triunfante.	Lc. 16:22
Un paso hacia el Señor.	Ro. 14:8
De gran ganancia.	Fil. 1:21
De hacerse conforme a la fe.	He. 11:13
Bendecida.	Ap. 14:13

Para los malvados es:

Repentina, inesperada.	Pr. 5:23, Is. 17:14 y Lc. 12:20
El fin de las vanidades.	Ec. 8:10
Un final terrible.	Sal. 37:35-36

Para algunos, la muerte fue anunciada:

Adán	Gn. 3:19
Aarón	Nm. 20:24
Moisés	Nm. 31:2
Rey Saúl	1 S. 28:19
El hijo de Jeroboam	1 R. 14:12
Ben-adad	2 R. 8:10
Ezequías	2 R. 20:1
Safira	Hch. 5:9

Las Escrituras exhortan a todos que se preparen para la muerte.
2 R. 20:1, Ec. 9:10, Mt. 24:44, Lc. 12:35 y Jn. 9:4

La desesperación y la depresión llevan al hombre a querer la muerte temprana.
Nm. 11:15, 1 R. 19:4, Job 3:21, 7:15, Jer. 8:3, Jon. 4:3 y Ap. 9:6

A veces, este deseo lleva al suicido.
1 S. 31:4, 2 S. 17:23, 1 R. 16:18 y Mt. 27:5

Cristo tiene poder sobre la muerte.

Su poder sobre la muerte fue profetizada.
Is. 25:8 y Hch. 2:27

Él desafió a la muerte.
Jn. 10:17-18

Se sometió a sí mismo a la muerte por causa de nuestros pecados.
1 Co. 15:3-4

Por lo menos, a tres personas resucitó de entre los muertos.
Mt. 9:25, Lc. 7:14-15 y Jn. 11:43-44

Él mismo resucitó de entre los muertos.
Ro. 1:4

Él tiene las llaves de la muerte.	Ap. 1:18
Él llamará a la resurrección a todos los muertos.	Jn. 5:28-29
Finalmente, él derrotará a la muerte para siempre.	Is. 25:8, Os. 13:14, 1 Co. 15:26, 54, 2 Ti. 1:10, He. 2:14, Ap. 20:14 y 21:4

La muerte espiritual:

Fue predicha.	Gn. 2:17
Es el castigo por el pecado.	Ez. 18:20 y Ro. 6:23
Es el resultado de la vida carnal.	Ro. 8:6 y Stg. 1:15
Es el estado actual del pecador.	Pr. 21:16, Mt. 8:22, Lc. 15:32, Jn. 6:53, 2 Co. 5:14, Ef. 2:1, 5:14, Col. 2:13, 1 Ti. 5:6 y Ap. 3:1
Se puede vencer la muerte espiritual por medio de la conversión a Cristo.	Stg. 5:20

La segunda muerte, véase: Ap. 21:8

¡Me mostrarás la senda de la vida!

Lección 9

Las obras de la carne

> **Texto bíblico:** Gálatas 5:19-21, Mateo 15:19, Romanos 1:28-32 y 1 Pedro 4:3
>
> **Significado:** Las "obras externas" de la naturaleza caída del hombre.
>
> **Verdad central:** ¡El pecado es la conducta normal del hombre caído!

Los pecados de la impureza sexual

Adulterio. Relaciones sexuales fuera del matrimonio.	Jn. 8:3
Fornicación. Toda relación sexual ilegítima.	Mt. 5:32
Inmundicia. Obscenidad. Lo opuesto a la pureza. Toda forma de perversión sexual.	Mt. 23:27
Lascivia. Lujuria, corrupción, deseo desordenado. Promover o participar en lo que produce lujuria y pecado.	2 Co. 12:21

Los pecados contra la persona de Dios

Idolatría. Colocar apasionadamente los afectos en cualquier objeto y no en Dios mismo.	Col. 3:5
Hechicerías. La práctica de tratar con espíritus diabólicos, inmundos. El uso de encantos mágicos. Echar las cartas y emplear amuletos. El uso de encantos y pociones.	Ap. 18:23

Los pecados contra nuestro prójimo

Enemistades. Malicia y malos deseos hacia otros. La tendencia de guardar rencores o enojo contra alguien.	Lc. 23:12
Pleitos. Disensión, discordia, riñas, debates y disputas.	Mt. 10:35
Celos. Esforzarse en sobresalir a costa de otros, haciéndoles mal. Rivalidades y contiendas.	Jn. 2:17
Iras. La indignación y la rabia. La furia determinada y duradera.	Lc. 4:28
Contiendas. Contenciones. La venganza personal.	2 Co. 12:20

Los pecados contra la Iglesia

Disensiones. Despertar disputas y desacuerdos entre los miembros de un grupo.

Ro. 16:17

Herejías. Extender doctrinas falsas.

Ro. 16:17, 2 P. 2:1

Envidias. Celos por la buena fortuna o bendición de otras personas.

Mt. 27:18

Los pecados contra la sociedad

Homicidios. Matar (quitar la vida) a otra persona.

1 Jn. 3:15

Borracheras. Vivir intoxicado, un esclavo de la bebida (o droga).

Lc. 21:34

Orgías. Rituales de gran sensualidad relacionados con las prácticas sexuales "sagradas" y la conducta erótica.

1 P. 4:3

Cosas semejantes. Indicando que ésta no es una lista exhaustiva de las obras de la carne. Hay muchas más.

¡Los que practican tales cosas no heredarán el reino de Dios!

Lección 10

La salvación

Texto bíblico: Salmos 27:1

Significado: Liberación o preservación de peligro o daño físico
(la salvación física).
Liberación o preservación del pecado y sus consecuencias
(la salvación espiritual).

Verdad central: ¡Tenemos la salvación por medio de Cristo!

Ejemplos de la salvación en el Antiguo Testamento, véase:	Ex. 14:13 y 2 Cr. 20:17
Salvación en el Nuevo Testamento incluye:	
El perdón de pecados.	Hch. 2:38 y Ef. 1:7
La redención: El acto de comprar nuevamente.	Ef. 1:7 y Col. 1:14
La expiación: El acto de pagar por una falta mediante *"propiciación"* (el sacrificio de otro).	Ro. 3:25, 1 Jn. 2:2 y 4:10
La regeneración: El cambio interior mediante limpieza por sangre.	Tit. 3:5
La justificación: Perdón (remisión) de faltas.	Ro. 5:1
La santificación: El hecho de apartar algo o alguien para ser usado por el Señor.	1 Co. 1:2 y 2 Ts. 2:13
La salud del cuerpo: Preservar de enfermedad, accidentes, y muerte.	3 Jn. 2
La protección divina.	1 Ti. 2:15
La relación de la salvación con el tiempo	
En el pasado, fuimos salvos.	Col. 1:13
En el presente, somos salvos de los problemas y pruebas de hoy.	1 Jn. 1:9
En el futuro, seremos salvos. Esto incluye la redención del cuerpo, la vida eterna, etc.	Ro. 13:11, 2 Ti. 3:15, He. 9:28 y 1 P. 1:9

¡Tu salvación esperé, oh Jehová!

El bautismo en agua

Texto bíblico: Romanos 6:1-8

Significado: Una ordenanza para la Iglesia, instituida por Cristo y los apóstoles, que simboliza la muerte y la resurrección.

Verdad central: ¡Jesús consideró que el bautismo era tan importante que Él mismo fue bautizado!

La importancia del bautismo en agua, véase:	Mr. 16:16
El bautismo de Jesús	Mt. 3:13-17

La importancia del bautismo en agua, véase: Mr. 16:16

El bautismo de Jesús   Mt. 3:13-17

Siendo niño, Él no fue bautizado.

     Él esperó hasta que tuvo 30 años.

Él no fue bautizado por aspersión de agua.

     Él bajó a las aguas sucias del río Jordán, y fue sumergido en ellas.

El bautismo en la Iglesia primitiva   Hch. 8:12 y 38

Ellos nunca bautizaron a niños, solamente a los adultos convertidos.

No usaron "agua bendita".

Siempre se bautizaron por inmersión.

¿Cuántos bautismos existen?   Ef. 4:5

El bautismo en el nombre del Padre, del Hijo, y del Espíritu Santo, y el bautismo en el nombre de Jesús, son el mismo bautismo.

¿Quién puede ser bautizado?

Cada iglesia tiene sus propias reglas acerca del bautismo. De acuerdo a las Escrituras, debemos decir que todos los creyentes deben ser bautizados. No hay ninguna regla bíblica acerca de la edad, el tiempo que tiene de convertido, ni su nivel de conocimiento bíblico, etc.

¿Quién puede bautizar?

Normalmente, el bautizar es el deber del pastor. De cualquier modo, cuando eso no es posible, o práctico, cualquier siervo de Dios puede hacerlo.

¿De qué manera se debe bautizar?

Aunque varía en algunas iglesias, la manera usual se enseña en los libros de Hechos y Romanos.

El Pastor y el(los) candidato(s) bajan juntamente al agua.

Los santos, que ya han sido bautizados, permanecen cerca, alabando y orando a Dios.

Generalmente, el pastor pide a la persona que se bautiza que testifique al público.

Después, en oración, el pastor habla, usando palabras tales como las siguientes:

"(Nombre del candidato), basado en tu confesión de fe en el Señor Jesucristo, yo te bautizo en el nombre del Padre, y del Hijo, y del Espíritu Santo para que resucites a andar en una vida nueva."

Muchos creyentes han sido sanados y/o bautizados en el Espíritu Santo al ser bautizados en agua.

¡Crean a Dios para recibir su milagro!

¡Bautizándolos en el nombre del Padre,
y del Hijo, y del Espíritu Santo!

La Palabra de Dios

Texto bíblico: Mateo 4:4

Significado: La Biblia y la palabra de vida a través de la cual Dios todavía habla a su pueblo

Verdad central: ¡Todo creyente debe saber cómo usar bien la Palabra de Dios!

La Palabra de Dios se caracteriza por ser:

Escrita (la Biblia).	
Hablada (a través de las profecías, la interpretación de lenguas, etc.).	
Poderosa.	Mt. 4:4, 6 y 10
Inspirada por Dios.	2 Ti. 3:16-17 y 2 P. 1:21
Pura.	Pr. 30:5
Verdadera.	Sal. 119:160 y Jn. 17:17
Recta.	Sal. 33:4
Firme.	Is. 40:8 y Mt. 24:35
Permanente.	Is. 40:8
Eterna.	Sal. 119:89 y 1 P. 1:23
Una espada.	Ef. 6:17
Una lámpara y una luz.	Sal. 119:105
Fuego y martillo.	Jer. 23:29
Vida.	Jn. 6:63
Alegría y regocijo.	Jer. 15:16

La obra de la Palabra de Dios

Sana.	Sal. 107:20
Libra.	Sal. 119:170
Vivifica.	Sal. 119:25 y 107

Sostiene.	Sal. 119:28 y 116
Consuela.	Sal. 119:50
Juzga.	Jn. 12:48
Derrite.	Sal. 147:18
Trae el nuevo nacimiento.	1 P. 1:23
Da esperanza.	Sal. 130:5
Da entendimiento.	Sal. 119:169
Brinda protección contra el pecado.	Sal. 119:11
Es amada por los santos.	Sal. 119:72, 82, 97, 140 y 163
Da fuerza para vencer.	1 Jn. 2:14

La Palabra de Dios no debe ser menospreciada.   Pr. 13:13

La Palabra de Dios nunca debe ser cambiada.   Dt. 4:2, 12:32, Pr. 30:6 y Ap. 22:19

No es suficiente conocer la Palabra de Dios. Tiene que ser obedecida.   Stg. 1:22

Nombres de la Palabra de Dios

La palabra	Lc. 11:28 y Col. 3:16
El libro	Sal. 40:7
El libro de la ley	Dt. 31:26
Las Escrituras	Jn. 5:39
Las santas Escrituras	Ro. 1:2
Las palabras de vida	Hch. 7:38
La espada del Espíritu	Ef. 6:17 y He. 4:12
La Palabra de Dios	He. 6:5

Los manuscritos originales

Fueron escritos a mano en papiro, o sobre pieles.

El Antiguo Testamento fue escrito en hebreo y arameo.

Los Evangelios y el resto del Nuevo Testamento fueron escritos en griego.

Fueron copiados a mano bajo normas rígidas.

Las copias que no eran exactas, que estaban desgastadas o dañadas, fueron destruidas inmediatamente.

De estos manuscritos, no queda ninguno.

Las copias más antiguas existentes

Códice sinaíticus. Una copia de la Biblia en griego del cuarto siglo, comprada de los rusos por los británicos en 1933. Se guarda en el Museo Británico.

Códice alejandrino. Contiene la Biblia entera en griego, excepto cuarenta páginas perdidas. (Proviene del quinto siglo.)

Códice vaticanus. Originalmente contenía la Biblia entera, pero unas partes de él se perdieron, se guarda en el Museo del Vaticano. (Proviene del cuarto siglo.)

Existen otras de mucha importancia.

Las versiones más antiguas existentes

Septuaginta. La traducción del Antiguo Testamento del hebreo al griego, hecha en Alejandría aproximadamente 285 años a.C. Todavía existen más de 4000 copias.

Pentateuco samaritano. El texto hebreo en caracteres samaritanos.

Peshitta o *Versión siriaca.* La Biblia entera traducida a un idioma común de Siria. Existen 1000 copias.

Vulgata. La Biblia entera traducida al latín, en Belén, por Jerónimo. Fue concluida en el año 400 d.C. Fue la Biblia modelo de la Iglesia Católica Romana por 1000 años, y es la fuente de muchas traducciones. Hay 8000 copias existentes.

Descubrimientos modernos que prueban la fidelidad de la Biblia

Manuscrito de John Ryland. Es la parte más antigua del Nuevo Testamento. Proviene del año 130 d.C. Fue encontrada cerca Egipto. Es parte del Evangelio de Juan y puede verse en la Biblioteca John Ryland en Manchester, Inglaterra.

Papiro de Chester Beatty proviene del año 200 d.C. Tiene tres partes grandes, y contiene la mayor parte del Nuevo Testamento. Se guarda en Dublín, Irlanda, en el Museo Chester Beatty.

Papiro Bodmer II. Proviene de los años 150-200 d.C., y contiene la mayor parte del libro de San Juan. Está en la Biblioteca mundial de la literatura de Bodmer.

Pergaminos del Mar Muerto. Son 40.000 fragmentos que fueron hallados en cavernas cercanas al Mar Muerto.

De estos fragmentos, más de 500 libros se han restaurado.

Los primeros pergaminos fueron hallados por accidente en febrero, o marzo, de 1947, por un joven pastor beduino.

Fueron copiados originalmente por los esenios de la comunidad de Qumrán.

Se los escondieron en cuevas después de la caída de Jerusalén en el año 70 d.C.

Están fechados por los arqueólogos entre los años 200 a.C. hasta el año 60 d.C.

¡No existe mayores diferencias textuales entre los *Pergaminos del Mar Muerto* y los manuscritos existentes!

El canon

"Canon" es una norma de medida. Originalmente se usó esta palabra para señalar las normas por las cuales todos los libros existentes se juzgaban, para determinar si podían aceptarse como parte de la Palabra de Dios.

El término, en la actualidad, se refiere generalmente a los libros que se juzgan ser dignos de formar parte de la Palabra de Dios.

Es interesante notar que los judíos y los cristianos evangélicos tienen el mismo canon para el Antiguo Testamento.

Normas que se usan para juzgar

El escrito debe:

Poseer una autoridad que demuestra procedencia Divina.

Ser profético, o bíblico, demostrando así que fue escrito por verdaderos hombres de Dios.

Ser dinámico, teniendo el poder de Dios para cambiar vidas.

Ser generalmente aceptado por el pueblo de Dios.

Los libros apócrifos

Un grupo de libros rechazados por la iglesia primitiva, pero se encuentran en la Biblia católica, y otras.

¡De toda palabra que sale de la boca de Dios!

Lección 13

La Cena del Señor

Texto bíblico: 1 Corintios 11:23-26

Significado: La celebración de la Cena del Señor. Es una ordenanza para la Iglesia, y fue instituida por el Señor Jesucristo. Nos hace recordar (y participar regularmente de) su sacrificio en la cruz.

Verdad central: ¡Cada creyente debe participar, con regularidad y regocijo, en la Cena del Señor!

La tradición católica: *"Esto es mi cuerpo"*   1 Co. 11:24

Transubstanciación es la creencia católica que el pan, u hostia, se transforma en el mismo cuerpo de Cristo, en Cristo mismo.

Normalmente el sacerdote bebe del cáliz sin repartir, para que el vino no se riegue al suelo accidentalmente, lo que creen ser la misma sangre de Cristo.

Lo fuerte de la enseñanza católica es que resalta la seriedad de la santa cena.

La debilidad de la tradición católica es la doctrina de la transubstanciación (la creencia que la Cena del Señor literalmente es la recepción del cuerpo físico de Cristo).

La tradición protestante: *"Haced ésto en memoria de mí"*   1 Co. 11:24

Por lo visto, Jesús enseñó que la Cena del Señor es solamente un acto simbólico.

Jesús repitió y enfatizó las palabras, *"En memoria de mí"*.   1 Co. 11:25

En la tradición protestante, el pastor comparte el pan, como también la copa, con todos los participantes.

La presencia de Cristo es espiritual.

Lo fuerte de la enseñanza protestante: Es superior en su doctrina.

La debilidad: Falta de seriedad. Se toma muy a la ligera.

La conclusión: Debemos combinar la pureza doctrinal de la tradición protestante con la seriedad de la tradición católica.

El propósito de la Cena del Señor

Ayudarnos a recordar que Cristo murió por nosotros.	1 Co. 11:24
Ayudarnos a tener conciencia de la imposibilidad de vivir la vida cristiana sin la ayuda diaria de Dios.	Col. 1:27
Hacernos tomar conciencia del pecado en nuestra vida.	1 Co. 11:28
Sanar las heridas en el cuerpo de Cristo.	1 Co. 11:30

La seriedad de la Cena del Señor

No debe ser tomada indignamente.	1 Co. 11:27
Uno debe examinarse a sí mismo antes de la Santa Cena.	1 Co. 11:28
Fallar en hacerlo trae, para sí, castigo y muerte.	1 Co. 11:29-30
Nunca debe ser tomada para satisfacer el hambre.	1 Co. 11:34

¿Cuándo debemos tomar la Cena del Señor?

Algunos lo hacen todos los días, otros, una vez por semana, otros, una vez al mes, y aún otros, solamente una vez al año.	
La Biblia no indica la frecuencia necesaria de la participación.	1 Co. 11:26
La tradición evangélica más común es tomar una vez al mes, generalmente en el primer domingo del mes.	

¿Quién puede participar de la Cena del Señor?

La tradición de la Cena cerrada:

El pastor sirve solamente a aquellos de quienes está seguro que son buenos creyentes; usualmente, a sus propios miembros, bautizados y de buena estatura espiritual.

Normalmente las personas visitantes no pueden participar.

La tradición de la Cena abierta:

Cada individuo es responsable de juzgarse a sí mismo.

Todos pueden participar como lo dicte su propia conciencia.

Bíblicamente, preferimos la segunda forma, aunque muchos pastores, de buen testimonio, toman la alternativa de la Cena cerrada.

El pan de la Santa Cena, véase: Mt. 26:26, Is. 53:4-5
                                                    y 1 P. 2:24

La copa de la Santa Cena, véase: Mt. 26:27-29 y 1 Jn. 1:7

¡La muerte del Señor anunciáis hasta que Él venga!

El compañerismo

Texto bíblico: 1 Juan 1:7

Significado: Compartir, mutuamente, las experiencias con otros creyentes.

Verdad central: ¡Todos somos parte de un gran cuerpo! ¡No podemos vivir por, ni para, nosotros mismos!

El creyente debe mantener comunión, o compañerismo, con Cristo.	Hch. 14:13, 1 Co. 1:9, 1 Jn. 1:3 y Ap. 3:20
Sin embargo, el compañerismo con otros creyentes es sumamente importante.	Sal. 119:63, Mal. 3:16, Fil. 1:5 y 1 Jn. 1:7
Los hombres de negocio unen sus fuerzas para formar compañías y corporaciones.	
Una estrategia militar comprobada es dividir al enemigo y evitar ser divididos por él.	
La ley enseñó que un creyente fiel, con la ayuda del Señor, podría derrotar a mil enemigos, pero que dos, trabajando juntos, podrían derrotar a diez mil.	Dt. 32:30
(Siguiendo la misma multiplicación, solamente siete hermanos juntos podrían derrotar a 10"000'000.000.)	
El compañerismo fue uno de los secretos del éxito de la Iglesia primitiva.	Hch. 2:42
Aunque el Señor está con cada creyente, nos enseñó la importancia de unirnos.	Mt. 18:19-20
Jesús envió a los discípulos de dos en dos.	Mr. 6:7
En el compañerismo verdadero debemos:	
Amarnos los unos a los otros.	1 Jn. 3:11
Cuidarnos los unos a los otros.	1 Co. 12:25

Sobrellevar las cargas los unos de los otros.	Gá. 6:2
Orar los unos por los otros.	Stg. 5:16
Exhortar los unos a los otros.	He. 3:13 y 10:25
Edificarse los unos a los otros.	1 Co. 14:12
No dejar de congregarnos.	He. 10:23-25

Menospreciar la importancia del compañerismo puede estorbar nuestra:

Comunión con Dios.	Mt. 5:23-24
Vida de oración.	Mt. 6:12-15
Disposición para compartir de manera provechosa la mesa del Señor.	1 Co. 11:29-30

Se nos exhorta a *fijarnos en los que causan divisiones y evitarlos*. Ro. 16:17

El mal compañerismo: **2 Corintios 6:14-17**

Estar unidos *en yugo desigual*	versículo 14
¿Qué compañerismo?	versículo 14
¿Qué comunión?	versículo 14
¿Qué concordia?	versículo 15
¿Qué parte?	versículo 15
Salid de en medio de ellos.	versículo 17
Apartaos.	versículo 17
No toquéis lo inmundo.	versículo 17

¡Sois juntamente edificados para morada de Dios en el Espíritu!

La oración

La importancia de la oración en la Iglesia primitiva

La historia de la Iglesia cristiana empezó con diez días de oración.	Hch. 1:14
Pedro y Juan fueron al templo a orar.	Hch. 3:1
La casa en donde oraba la iglesia tembló.	Hch. 4:31
Se buscaron siete diáconos para que los apóstoles dedicaran más tiempo a la oración.	Hch. 6:3-4
Esteban oró por quienes lo apedreaban.	Hch. 7:59-60
Tres días de oración y ayuno precedieron al ministerio de Pablo.	Hch. 9:9-11
Una mujer fue levantada de la muerte por las oraciones de Pedro.	Hch. 9:40
Cornelio era un hombre que *oraba a Dios siempre.*	Hch. 10:2
Pedro oró en la azotea.	Hch. 10:10
Oración y ayuno precedieron el ministerio misionero de Pablo y Bernabé.	Hch. 13:2-3
Oración y ayuno acompañaron la ordenación de los ancianos en cada iglesia local.	Hch. 14:23
Los filipenses oraron junto al río.	Hch. 16:13
Pablo y Silas oraron en la cárcel.	Hch. 16:25
Pablo confortó a sus compañeros con una oración junto al mar.	Hch. 20:36
El padre de Publio fue sanado mediante las oraciones de Pablo.	Hch. 28:8

Debemos orar:

En el día de la angustia.	Sal. 50:15
Tarde y mañana y a mediodía.	Sal. 55:17
De madrugada.	Sal. 63:1 y Pr. 8:17

Siempre.	Lc. 18:1
Continuamente.	Sal. 72:15
Sin cesar.	1 Ts. 5:17
En todo lugar.	1 Ti. 2:8
En cualquier lugar.	1 Co. 1:2

Nuestra oración debe ser:

Dirigida solamente a Dios.	Mt. 6:9
Hecha en el nombre de Jesús.	Jn. 14:13, 15:16 y 16:23
En algunos casos, pronunciada en voz alta.	Sal. 55:17
Realizada frecuentemente con manos levantadas.	1 Ti. 2:8
Hecha con confianza (denuedo).	He. 4:16
Concisa y enfocada, no necesariamente larga.	Mt. 23:14
Expresada en fe.	Stg. 1: 6, 7 y He. 11: 6
Hecha conforme a la voluntad de Dios.	1 Jn. 5:14 y Stg. 4:3
Expresada con sinceridad.	Sal. 145:18
Expresada con todo el corazón.	Jer. 29:13
Efectuada sin vanas repeticiones.	Mt. 6:7
Compuesta principalmente por alabanzas.	Mt. 6:9-13

La oración apropiada traerá:

La salvación.	Sal. 55:16 y Hch. 2:21
La sanidad.	Stg. 5:14
La liberación.	Jl. 2:32 y Mt. 17:21
La paz.	Sal. 122:6
El honor.	Sal. 91:15
La vida.	Am. 5:4 y Sal. 69:32
La sabiduría.	Stg. 1:5
El descanso.	Mt. 11:28

La presencia de Dios.	Sal. 145:18
El Espíritu Santo.	Lc. 11:13
La limpieza.	Hch. 22:16
La lluvia tardía.	Zac. 10:1
Las cosas grandes y poderosas.	Jer. 33:3
Cualquier cosa que desees.	Mr. 11:24
Las naciones por herencia.	Sal. 2:8
La misericordia, la gracia, y la ayuda en tiempo de necesidad.	He. 4:16
El pan diario.	Sal. 105:40

Condiciones necesarias para que la oración sea contestada:

Permanecer en Él.	Jn. 15:7
Guardar los mandamientos de Dios, y hacer las cosas que le agradan a Él.	1 Jn. 3:22
Creer.	Mr. 11:24

Dos razones bíblicas por las cuales la oración no es contestada:

No pedimos.	Stg. 4:2
No pedimos correctamente.	Stg. 4:3

Las promesas para quienes oran apropiadamente:

Vuestro Padre sabe de qué cosas tenéis necesidad antes que vosotros le pidáis.	Mt. 6:8
Todo lo que pidiereis en oración, creyendo, lo recibiréis.	Mt. 21:22
El Señor es rico para con todos los que le invocan.	Ro. 10:12
(Él) es poderoso para hacer todas las cosas mucho más abundantemente de lo que pedimos o entendemos.	Ef. 3:20
La oración eficaz del justo, puede mucho.	Stg. 5:16

¡Pedid, y recibiréis!

Lección 16

El bautismo en el Espíritu Santo

Texto bíblico: Hechos 1:5 y 11:16

Significado: La llenura inicial del Espíritu Santo en la vida del creyente.

Verdad central: ¡Un creyente sin el bautismo del Espíritu Santo es como una lámpara sin aceite!

El Bautismo en el Espíritu Santo:

Es ordenado por Cristo.	Lc. 24:49 y Ef. 5:18
No es la salvación. Ni es el bautismo en agua.	Hch. 8:16
Es beneficioso para el creyente.	Hch. 1:8, Jn. 14:26, 16:13-15, Lc. 12:12 y Ro. 8:26
Es para cada creyente.	Hch. 2:39
Está acompañado con la evidencia de hablar en otras lenguas.	Hch. 2:4, 10:44-46 y 19:6

¿Por qué escogió Dios el hablar en otras lenguas como evidencia del bautismo en el Espíritu Santo? — Stg. 3:2-12

Cómo recibir el bautismo en el Espíritu Santo, véase. — Lc. 11:9-13

Siendo que el propósito del Espíritu Santo es perfeccionarnos, no tenemos que ser perfectos para recibir su bautismo.

¡Recibid el Espíritu Santo!

Los dones del Espíritu Santo

Texto bíblico: 1 Corintios 12:7-10

Significado: Manifestaciones milagrosas del Espíritu que fueron confiadas a los creyentes para la edificación mutua, y para la predicación del evangelio.

Verdad Central: ¡Necesitamos herramientas para hacer la obra de Dios!

Los dones del Espíritu son:

Importantes.	1 Co. 12:1
Regalos.	1 Co. 12:4
¿Son míos?	
¿Pueden ser usados erróneamente?	
Manifestaciones.	1 Co. 12:7
¿Una obra pura del Espíritu?	
¿O pueden ser usados erróneamente?	
Para usar en cooperación, el hombre con Dios.	Hch. 2:4

El Espíritu da la inspiración: *como el Espíritu dio que hablasen.*

El hombre está en control: *Comenzaron a hablar.*

Tú puedes hablar:

O no hablar.

Ahora o más tarde.

En voz alta o baja.

Con amor o con enojo.

Para usar bajo el control del creyente.	1 Co. 14:32
Para no usarse en forma egoísta.	1 Co. 12:7, 18 y 14:12
Muy diferentes en propósito, en la manera en que obran, y en los resultados que producen, pero todos son dados por el mismo Espíritu.	1 Co. 12:4 y 6
Para ser usados siempre con amor.	1 Co. 13:1-2

Los dones de revelación

La palabra de ciencia

1 Co. 12:8

Es exactamente lo que dice. Dios posee todo conocimiento. Nos da una palabra de ese conocimiento. Siempre es algo que no podríamos haber conocido de otra manera.

La palabra de sabiduría

1 Co. 12:8

Es también exactamente lo que dice. Dios posee toda sabiduría. Nosotros carecemos de sabiduría. Nos da una palabra de su sabiduría que nos ayuda a entender lo que debemos hacer en una situación dada.

El discernimiento de espíritus

1 Co. 12:10

Este don nos permite reconocer la presencia y obra del Espíritu de Dios, pero también, la presencia y obra de espíritus malos, de manera que podamos sujetarlos y echarlos fuera.

Los dones de acción

Los dones de sanidad

1 Co. 12:9

Éstos son dones que se manifiestan en la sanidad milagrosa de los enfermos. Son muchos y variados.

El hacer milagros

1 Co. 12:10

Este don nos revela algo extraordinario: Resucitar a un muerto, restaurar cuerpos deformados, sanidad de huesos rotos, etc.

La fe

1 Co. 12:9

Ésta no es la fe de la cual toda persona tiene una medida.

Ro. 12:3

No es la fe necesaria para ser salvo.

Hch. 8:12 y 16:31

Ni es la fe que es fruto del Espíritu.

Gá. 5:22

Ésta es una fe sobrenatural que va más allá de la capacidad del hombre. Dios da un don de fe, de manera que podamos creer para lo imposible.

Los dones de inspiración

La profecía

Es hablar la Palabra de Dios por revelación. No es la predicación, aunque se puede profetizar en el curso de un mensaje o sermón.

1 Co. 12:10

Diversos géneros de lenguas	1 Co. 12:10

Dios habló a su pueblo mediante el uso de lenguas desconocidas.

Este don no constituye la oración en el Espíritu.

Se debe acompañar con la interpretación.

La interpretación de lenguas	1 Co. 12:10

Interpretar por revelación del Espíritu Santo lo que fue hablado en lenguas desconocidas.

No es una traducción.

Los últimos tres dones (los de la inspiración) son los más visibles, y quizás, los que, más a menudo, son mal utilizados. A causa de esto, existen unas reglas que gobiernan su uso.

Los mensajes en lenguas o profecías deben limitarse a dos o tres a la vez.	1 Co. 14:27
Cuando las lenguas no tienen interpretación, se deben reservar para la oración personal.	1 Co. 14:2, 4, 6, 11 y 14
Cuando hay interpretación, el propósito y el resultado de las lenguas, con la interpretación, es exactamente igual a la profecía.	1 Co. 14:5

(Para más reglas respecto el hablar en lenguas, véase "El hablar en lenguas", Lección 18 en la sección, "Los fundamentos", página 50.)

Los dones del Espíritu pueden llegar a ser ministerios.	1 Co. 12:28-31

¿Cuáles son los mejores dones?

¿Serían aquellos que más se requieren por el momento?

¿Cuántos dones puede tener un individuo?

Si el Espíritu Santo reside en nosotros, no ¿podríamos tener cualquiera de ellos cuando sea necesario?

¡Procurad abundar en ellos para edificación de la Iglesia!

Lección 18

El hablar en lenguas

Texto bíblico: 1 Corintios 14:18

Significado: Por el poder del Espíritu Santo, milagrosamente hablar un idioma que nunca se ha aprendido.

Verdad central: ¡El hablar en lenguas es un medio para soltar el gran poder del Espíritu Santo en la vida personal del creyente!

El hablar en lenguas:

Es un acto importante para la vida espiritual del creyente.

El que habla en lenguas no habla a los hombres, sino a Dios.	1 Co. 14:2
A sí mismo se edifica.	1 Co. 14:4
No es el "don de lenguas". Son distintos.	1 Co. 12:30 y 14:5, 18
Es la evidencia del bautismo en el Espíritu Santo.	Hch. 2:4, 10:44-46 y 19:6
Puede usarse libremente en la oración y la alabanza.	1 Co. 14:5, 14a, 15 y 18
No es un mensaje para la iglesia entera, y se debe reservar para la oración personal.	1 Co. 14:2, 4, 6, 11 y 14
No debe ser usado para predicar, testificar o exhortar; ni excesivamente en la presencia de incrédulos.	1 Co. 14:19 y 23
No debe prohibirse nunca.	1 Co. 14:39

(Para estudiar el don de lenguas, véase la lección previa. Véase también, "Orar en el Espíritu", Lección 11 en la sección "Oración", página 205.)

¡Quisiera que todos vosotros hablaseis en lenguas!

Lección 19

El fruto del Espíritu

Texto bíblico: Gálatas 5:22-26

Significado: El resultado natural o externo de una vida llena del Espíritu.

Verdad central: ¡Un buen árbol da buen fruto!

Amor. Habla del amor divino. Un afecto fuerte y compasivo que busca el bienestar de los demás. — 1 Co. 13:4

(Véase también "El amor al prójimo", Lección 31, en la sección "Las enseñanzas de Cristo," Página 163.)

Gozo. El estado emocional de alegría o deleite por las bendiciones recibidas o esperadas por uno mismo y/o por los demás. — Mt. 2:10

Paz. La quietud, el descanso, y la seguridad en medio del tumulto, la lucha, o la tentación. — Lc. 1:78-79

(Véase también "Los pacificadores", Lección 20, en la sección "Las enseñanzas de Cristo", página 145.)

Paciencia. Aquí habla de la longanimidad. La virtud de soportar, sin murmuración y sin resentimiento, a las ofensas, provocaciones, y heridas cometidas en contra de uno mismo. — Col. 1:11

Benignidad. Una disposición a ser gentil, bueno, hablar con tono suave, y de tener temperamento y carácter templado. — 2 Ti. 2:24-26

Bondad. El ser bueno, virtuoso, benevolente y generoso en vida y conducta. — Ef. 5:9

(Véase "El deber de la benevolencia", Lección 30, en la sección "Las enseñanzas de Cristo", página 161.)

Fe. Una convicción divinamente implantada. Seguridad y confianza en Dios y en todo lo que Él habla. — 2 Ti. 1:12

(Véase también "La confianza (la fe)", Lección 39, en la sección "Las enseñanzas de Cristo", página 175, y todas las lecciones en la sección "La fe", páginas 213-266.)

Mansedumbre. La disposición de sufrir heridas sin un espíritu de venganza. — Ef. 4:2

(Véase también "Los mansos", Lección 16, en la sección "Las enseñanzas de Cristo", página 139.)

Templanza. Dominio propio; la moderación en el satisfacer a los apetitos y pasiones de la carne. — Fil. 4:5

¡Contra tales cosas no hay ley!

Lección 20

Otras manifestaciones del Espíritu Santo

Texto bíblico: Hechos 3:8, 4:24, 9:4-6, 16:9 y 22:17

Significado: Además de los nueve dones y los nueve aspectos del fruto del Espíritu, hay otras manifestaciones del Espíritu que son comunes . Si las entendemos, no las tendremos temor. También son expresiones de Dios.

Verdad central: ¡Dios obra en formas misteriosas!

Otras manifestaciones del Espíritu:

Alabar a Dios en voz alta	He. 13:15, Sal. 34:1, 100:4, 150:6 y Lc. 19:37-40
Cantar alegremente	Sal. 33:3, 81:1, 95:1 y 100:1-2
Batir las manos	Sal. 47:1, 98:4-8 e Is. 55:12
Levantar las manos	Sal. 63:4, 134:2 y 1 Ti. 2:8
Danzar	Ex. 15:20, 2 S. 6:14, Sal. 149:3, Ec. 3:4 y Jer. 31:13
Saltar	2 S. 6:16 y Hch. 3:8
Reir	Gn. 21:6, Job 8:21, Sal. 126:2, Ec. 3:4 y Lc. 6:21
Llorar	Sal. 42:3, 126:5, Hch. 20:19 y 2 Co. 2:4
Orar todos juntos en alta voz	Hch. 4:23-24
Temblar	Jer. 23:9, Dn. 10:11, Hab. 3:16 y Hch. 9:6
Caer, estar "muerto", en el Espíritu	Hch. 9:4 y Ap. 1:17
Experimentar éxtasis	Hch. 10:10 y 22:17
Tener visiones	Gn. 46:2, Jl. 2:28, Hch. 11:5 y 16:9
Tener sueños espirituales	Nm. 12:6, Jl. 2:28, Mt. 2:12 y 22

¡Pero hágase todo decentemente y con orden!

Los ministros y los ministerios

Texto bíblico: Efesios 4:11-16

Significado: Ministro: Alguien que oficia o sirve.
Alguien que lleva a cabo las órdenes de otros.

Ministro de Dios: El que sirve a Dios.
El que lleva a cabo las órdenes de Cristo.

Verdad central: ¡Dios hace sus obras por medio de sus ministros!

Requisitos para los ministros en la epoca del Antiguo Testamento	Lv. 21:16-21

No tener defectos físicos

Ser de la familia de Leví

Tener edad de 30 a 50 años. (En el tiempo de David, bajó a los 20 años.)

Requisitos para los ministros en la epoca del Nuevo Testamento, véase:	1 Ti. 3:1-13 y Hch. 11:24

Los ministros encontrados en el Nuevo Testamento	Efesios 4:11

Apóstoles. Quienes van adelante y realizan la fundación de iglesias.

Profetas. Quienes tienen un don especial de Dios para hablar su palabra mediante revelación.

Evangelistas. Quienes van de lugar en lugar proclamando el Evangelio y ganando almas.

Pastores. Quienes pastorean la congregación del pueblo de Dios.

Maestros. Quienes enseñan la Palabra de Dios.

Los ministros encontrados en la iglesia local

Ancianos. Creyentes maduros preocupados por el bienestar espiritual de la iglesia.	Hch. 16:4

Diáconos y diaconisas. Quienes se preocupan por el bienestar físico de la iglesia.   Hch. 6:1-7 y 1 Ti. 3:8-12

Obispos. Quienes dirigen (pastorean) a los pastores.   1 Ti. 3:1-2 y Tit. 1:7

Cualquier habilidad o don de Dios puede llegar a ser un ministerio útil en la Iglesia.

Ejemplos bíblicos de otros ministerios: **1 Corintios 12:28-30**

     Hacer milagros

     Realizar sanidades

     Hablar en lenguas

     Interpretar lenguas

     Ayudar

     Administrar, etc.

Las responsabilidades de los ministros   **Efesios 4:12-16**

Perfeccionar a los santos

La edificación del cuerpo de Cristo

Mantener *la unidad de fe*

Llevar al *conocimiento del Hijo de Dios*

Lograr madurez en el pueblo de Dios

Los mandatos de Dios a sus ministros   **2 Timoteo 4:1-5**

Prediques la palabra.

Instes a tiempo y fuera de tiempo.

Redarguye.

Reprende.

Exhorta con toda paciencia y doctrina.

Soporta las aflicciones.

Haz obra de evangelista.

Cumple tu ministerio.

Id.   **Mateo 28:19-20**

Haced discípulos.

Bautizándolos.

Enseñándoles.

Nombres bíblicos para los ministros de Dios

Embajadores	2 Co. 5:20
Apóstoles de Jesucristo	Tit. 1:1
Ancianos	1 Ti. 5:17
Evangelistas	Hch. 21:8
Pescadores de hombres	Mt. 4:19
Obreros	Mt. 9:38
Varones de Dios	Dt. 33:1
Mensajeros	2 Co. 8:23
Ministros de la iglesia	Col. 1:24-25
Ministros de Jesucristo	Ro. 15:16
Ministros de Dios	2 Co. 6:4
Ministros del Evangelio	Ef. 3:6-7
Ministros de Jehová	Jl. 2:17
Ministros de la Palabra	Lc. 1:2
Obispos	Hch. 20:28
Pastores	Jer. 3:15

Predicadores y apóstoles … y maestros	1 Ti. 2:7
Pregoneros de justicia	2 P. 2:5
Siervos de Jesucristo	Fil. 1:1
Vuestros siervos (de la iglesia)	2 Co. 4:5
Siervos de Dios	Tit. 1:1
Siervos del Señor	2 Ti. 2:24
Compañeros de milicia	Fil. 2:25
Obispos … administradores de Dios	Tit. 1:7
Administradores de la multiforme gracia de Dios	1 P. 4:10
Administradores de los misterios de Dios	1 Co. 4:1
Maestros	Is. 30:20
Guardas	Is. 62:6
Testigos	Hch. 1:8
Colaboradores suyos	2 Co. 6:1

¡Cumple tu ministerio!

La Iglesia

Texto bíblico: Efesios 5:32

Significado: La asamblea de los llamados, el organismo constituido por los llamados y separados del mundo para ser la congregación de Dios y el cuerpo de Cristo en la tierra

Verdad central: ¡La Iglesia es la reflexión de Cristo al mundo!
¡El desea que esté sin mancha!

"La Iglesia", en las Escrituras, hace referencia:

Al cuerpo entero de los creyentes en la tierra.	Ef. 5:32
Al cuerpo entero de creyentes en una ciudad.	Hch. 11:22 y 13:1
A una congregación.	Ro. 16:5 y 1 Co. 14:19
Habían muchas iglesias locales independientes en el tiempo cuando se escribió el Nuevo Testamento.	Hch. 9:31, 15:41, 16:5, Ro. 16:4 y 16
No hay ninguna indicación de que las iglesias se formaron dentro de denominaciones.	
La autoridad espiritual de los apóstoles mantuvo a las iglesias primeras en un estrecho compañerismo.	

La Iglesia:

Es una (un cuerpo).	Ro. 12:4-5, 1 Co. 10:17, 12:12-13, 20, Ef. 4:4-5 y Col. 3:15
Fue establecida por Cristo.	Mt. 16:18
Se conoce como:	
La novia de Cristo.	Ro. 7:1-4 y 2 Co. 11:2
El cuerpo de Cristo en este mundo.	1 Jn. 4:17
El templo de Dios.	1 Co. 3:16-17 y Ef. 2:21-22
Tiene a Cristo como cabeza.	Ef. 1:22, 2:20, 4:15 y 5:23

Nació el día de Pentecostés.	Hch. 2:1-4
Experimentó un crecimiento fenomenal.	Hch. 2:47, 4:4, 5:14, 6:7, 11:21, etc.
No estuvo libre de problemas, aun en sus primeros años.	1 Co. 1:11, 3:3, 6:6, 2 Co. 12:20 y Fil. 4:2

Los nombres dados a los miembros de la Iglesia

Creyentes	1 Co. 1:21
Hermanos	Ro. 8:29
Hijos de Dios	Ro. 8:15-16
Cristianos	Hch. 11:26
Discípulos	Hch. 6:2
Escogidos	Col. 3:12
Herederos de Dios	Ro. 8:17
Santos	Hch. 9:32
Los del Camino	Hch. 9:2

Nombres dados a la Iglesia

Asamblea de los santos	Sal. 89:7
La congregación de los rectos	Sal. 111:1
Cuerpo en Cristo	Ro. 12:5
Huerto de Dios	1 Co. 3:9
Edificio de Dios	1 Co. 3:9
Templo de Dios	1 Co. 3:16
Israel de Dios	Gá. 6:16
Familia de Dios	Ef. 2:19
Morada de Dios	Ef. 2:22
Casa de Dios	1 Ti. 3:15

Columna y baluarte de la verdad	1 Ti. 3:15
La congregación de los primogénitos	He. 12:23
La novia, la esposa del Cordero	Ap. 21:9
Casa espiritual	1 P. 2:5
Sacerdocio santo	1 P. 2:5

Las ordenanzas de la Iglesia

El bautismo en agua	Véase la Lección 11
La Cena del Señor	Véase la Lección 13

Algunas iglesias incluyen la dedicación infantil y el matrimonio entre las ordenanzas. Es imposible establecer una doctrina que apoye a estas ceremonias como ordenanzas, siendo que la Biblia no las trata suficientemente.

El trabajo de la Iglesia

Evangelizar	Mt. 28:19-20
Proveer compañerismo para los creyentes, una atmósfera que conduzca al crecimiento espiritual, a alimentarse espiritualmente, etc.	1 Co. 14:26
Presentar un ejemplo de virtud	2 Ts. 3:9
Cuidar las necesidades de sus miembros	Hch. 6:1-3

El gobierno de la Iglesia

La Iglesia no es una organización. Dios le ha hecho un organismo viviente. Como tal, ha dado a la Iglesia la habilidad para adaptarse por sí misma a su situación actual.

La estructura de la Iglesia depende de:

Las necesidades presentes.	Hch. 6:1-5
La presencia de dones que designan a miembros particulares para el ministerio.	Hch. 13:2

¡Pastorea mis ovejas!

Lección 23

Satanás

Texto bíblico: 1 Pedro 5:8

Significado: Enemigo, adversario

Verdad central: ¡Satanás es nuestro adversario principal! ¡El trata de impedir los propósitos de Dios mediante sus planes malignos!

El origen de Satanás:	Is. 14:12-15 y Ez. 28:12-19
Los nombres de Satanás (expresan su carácter):	
Acusador	Ap. 12:10
Adversario	1 P. 5:8
Diablo	Mt. 4:1
Dios de este siglo	2 Co. 4:4
Príncipe de la potestad del aire	Ef. 2:2
Serpiente	Gn. 3:4
Tentador	Mt. 4:3
El malo	Mt. 13:19
Ángel del abismo	Ap. 9:11
La actividad principal de Satanás, véase:	Mt. 13:19, 1 Ts. 2:18 y Zac. 3:1
La oposición de Satanás a la obra de Dios incluye:	
La tentación	Gn. 3:4-5
La aflicción	Job 2:7
La destrucción	Jn. 10:10
La condenación	1 Ti. 3:6

Satanás:

Se disfraza como un ángel de luz.	2 Co. 11:14
Es un mentiroso y el padre de mentiras.	Jn. 8:44
Tiene límites en su habilidad para actuar.	Jn. 12:31
(No puede hacer más de lo que Dios le permite hacer.)	Job 1:9-12
Debe ser resistido.	Ef. 4:26-27, Stg. 4:7, 1 P. 5:8-9 y Ap. 12:11
Tiene un fin.	Ap. 12:9 y 20:10
Tiene sus hijos.	Mt. 13:38, Jn. 8:44 y 1 Jn. 3:10
Es y será adorado (se le rendirá culto).	Ap. 13:4

¡Quítate de delante de mí, Satanás!

Lección 24

Los demonios

Texto bíblico: Mateo 12:43-45, 12:26 y Marcos 5:1-17

Significado: Espíritus malignos.

Verdad central: ¡Satanás tiene legiones de ayudantes demoníacos que deben ser resistidos por los creyentes!

¿Cuál es el origen de los demonios?   2 P. 2:4 y Jud. 6

   ¿Son ángeles caídos? No estamos seguros.

Sabemos que los demonios:

   Son espíritus.   Mt. 12:43-45

   Son emisarios de Satanás.   Mt. 12:26

   Son numerosos.   Mr. 5:9

   Pueden poseer y controlar a hombres y animales.   Mr. 5:13 y Hch. 16:16

   Causan problemas mentales.   Mr. 5:4-5

   Afligen al enfermo.   Mt. 12:22, 17:15
                                                                          y Lc. 13:11-16

   Algunas veces, son denominados mudos y causan que las
   personas no puedan hablar.   Mt. 9:33

   Son, por naturaleza, feroces.   Mt. 8:28

   Son sucios.   Mt. 10:1, 12:43, Mr 1:23
                                                                          y Lc. 6:18

   Llevan a muchas personas al pecado.   Lc. 4:1-13 y Ap. 16:13

   Tratan de engañar a los creyentes.   Ef. 6:12 y 1 Ti. 4:1

   Buscan un cuerpo en el cual vivir.   Mr. 5:13

      Primero, opresión

      Luego, obsesión

      Finalmente, posesión

Parecen religiosos, a veces.	1 Ti. 4:1
Pueden manifestarse mediante grandes líderes.	Ap. 16:14
Conocen a Jesús y reconocen su autoridad.	Mt. 8:29 y Stg. 2:19
Están totalmente sujetos a Él.	Mt. 4:24, 8:16, 9:32-33 y 12:22
Fueron echados de personas por los primeros cristianos.	Hch. 8:7 y 16:16
Están también sujetos a los cristianos hoy.	Mr. 16:17, Lc. 10:17, Hch. 16:18, 19:12 y 1 Jn. 4:4
En obediencia a la gran comisión, deben ser echados fuera.	Mr. 16:17
Tienen un destino eterno.	Mt. 25:41
Conocen su final.	Mt. 8:29 y Lc. 8:31

¡Echarán fuera demonios!

Lección 25

Los ángeles

Texto bíblico: Hebreos 1:13-14

Significado: Seres espirituales creados por Dios para rendirle culto y servirle.

Verdad central: ¡Dios ha asignado ángeles a cada creyente para ayudarlo a vencer las fuerzas del maligno!

Los ángeles:

Son espíritus.	He. 1:13-14
Son inmortales.	Lc. 20:36
Son numerosos.	Dn. 7:10, Lc. 2:13 y He. 12:22
No son ni hombres, ni mujeres (no tienen género).	Mt. 22:30
Pueden manifestarse físicamente.	Gn. 19:1-3

No son todos iguales:

    El Ángel del Señor.   Ex. 23:20-23, Is. 63:9 y Gn. 32:30

        (Generalmente, los estudiosos están de acuerdo que el Ángel del Señor era el mismo Hijo de Dios, Jesucristo).

    Arcángeles: 1 Ts. 4:16, Jud. 9 y Ap. 12:7

        ¿Habrán sido tres?

           Gabriel   Dn. 8:16, 9:21, Lc. 1:19 y 26

           Miguel   Dn. 10:13, 21, 12:1, Jud. 9 y Ap. 12:7

           Lucifer   Is. 14:12

    Querubines   Gn. 3:24 y Ex. 25:22

    Serafines   Is. 6:2 y 6

    Los ángeles elegidos   1 Ti. 5:21

Las características de los ángeles

Obedientes	Sal. 103:20 y 1 P. 3:22
Reverentes	Neh. 9:6 y He. 1:6
Sabios	2 S. 14:17
Humildes	2 P. 2:11
Poderosos	Sal. 103:20
Santos	Ap. 14:10
Agentes de Dios	Gn. 3:24, Mt. 13:39, 41 y 49
Mensajeros de Dios	Lc. 1:11-20, Mt. 1:20-21, 2:13 y 28:2-6
Ministros del pueblo de Dios	He. 1:14, Lc. 16:22 y 1 R. 19:5-8
(Ministraron a Jesús.)	Mt. 4:11 y Lc. 22:43
Es prohibido para ellos recibir culto.	Col. 2:18 y Ap. 22:8-9

¡A sus ángeles mandará acerca de ti!

Lección 26: Parte 1

El cielo y el paraíso

Texto bíblico: 2 Corintios 5:1

Significado: La morada de Dios.

Verdad central: ¡Dios nos ha invitado para que vivamos con Él en su hogar celestial!

En la Biblia, el "cielo", como término:

Puede, a su vez, referirse a la altura, el aire, las nubes, el cielo, la atmósfera, y el espacio.	Gn. 1:1, 1 Cr. 16:26, Sal. 102:25 y Pr. 8:27
Puede referirse al lugar creado por Dios para su morada.	Dt. 26:15, 1 R. 8:30, 2 Cr. 30:27 y Lc. 11:2
En este estudio estamos interesados en el cielo como localidad, la morada de Dios.	

El cielo es un lugar material (físico).

	Col. 1:16
El cielo tiene:	
Moradas	Jn. 14:2
Un tabernáculo	He. 8:2
Ciudades con fundamentos	He. 11:10
Un altar, un incensario, incienso	Ap. 8:2
Llaves	Ap. 9:1
El Arca del Pacto	Ap. 11:19
Ríos, el árbol de la vida	Ap. 22:1-2
Libros	Lc. 10:20
Una mesa, tronos, etc.	Lc. 22:30

¿Cuál es la localización del cielo? Véase:

Sal. 48:2

Las promesas del cielo

El cielo es un lugar de alabanza.	Ap. 19:6

Allí, habrá solamente una media hora de silencio.	Ap. 8:1
Lo que no habrá en el cielo:	
Tristeza	Ap. 21:4
Llanto	Ap. 21:4
Dolor	Ap. 21:4
Muerte	Ap. 21:4
Maldición	Ap. 22:3
Noche	Ap. 22:5
Cristo está, y estará, en el cielo.	Hch. 7:55-56
Nos invita a unirnos con Él.	Jn. 14:1-3
Hay espacio para todos.	Ap. 7:9
Todos los justos vivirán allí con Él.	2 Co. 5:8, Fil. 1:21, 23, 1 Ts. 4:17, Ap. 6:9-11 y Sal. 15:1-5
Allí, ahora mismo, hay una gran multitud de hombres y ángeles con Él.	Neh. 9:6, Ap. 5:11 y 19:6

El programa del cielo

La novia será:	**Apocalipsis 19:6-9**
Presentada a Dios	
Juzgada	
Casada con Cristo	
Preparada para pasar la eternidad con Él	

Realidades actuales del cielo:

Nuestros nombres ya están registrados allí.	Lc. 10:20, Fil. 4:3 y He. 12:23
Podemos guardar tesoros allí.	Mt. 6:20

El requisito para entrar al cielo:	
Recibir a Jesús como salvador. Esto engendra:	Jn. 14:6
La humildad	Lc. 6:20
El pertenecer a la familia de Dios	Jn. 3:5
La obediencia	Ap. 22:14
La pureza	1 Co. 6:9-10
Los que llenan el requisito tendrán puesto un vestido de boda.	Mt. 22:11-14 y Ap. 22:14
Hombres que vieron el cielo abierto:	
Jesús	Mt. 3:16
Esteban	Hch. 7:56
Pedro	Hch. 10:11
Juan	Ap. 19:11
Frases relacionadas:	
El reino de los cielos	Mt. 4:17, 13:24, 31, 44, 47, 20:1, 22:2 y 25:1
No habla del cielo físico, sino del reino espiritual.	
Las nubes del cielo	Mt. 24:30 y 26:64
Son las nubes naturales de nuestra atmósfera.	
El tercer cielo	2 Co. 12:2
Primero, vienen las nubes.	
Segundo, es el espacio.	
Tercero, es el lugar donde Dios habita.	
Cielos nuevos	Is. 65:17, 66:22, 2 P. 3:10-13 y Ap. 21:1

Cuando el pecado sea finalmente destruido, el Señor vendrá a renovar la tierra y su atmósfera contaminada.

Jerusalén la celestial   He. 12:22

La nueva Jerusalén   Ap. 3:12 y 21:10

Es la ciudad capital de nuestro Dios, una de las ciudades del cielo.

Después de la renovación de los cielos y la tierra, el Señor aparentemente mudará su capital, la Nueva Jerusalén, a la tierra, donde morará con su pueblo.

¡Regocijaos de que vuestros nombres
están escritos en los cielos!

Lección 26: Parte 2

El cielo y el paraíso

Texto bíblico: Lucas 16:19-31 y 23:43

Significado: El lugar en donde los muertos justos esperaban la venida de su Salvador.

Verdad central: ¡Aparentemente el paraíso ha sido reemplazado por el cielo!

Dos veces en la Biblia el cielo es llamado "el paraíso". | 2 Co. 12:1-4 y Ap. 2:7

El paraíso:

Estuvo ubicado en el centro de la tierra, y aunque era visible desde el infierno, estaba separado de él. | Mt. 12:40 y Ef. 4:8-10

Fue el lugar donde esperaban los justos muertos.

Fue visitado por Cristo y vaciado de sus habitantes, quienes fueron llevados al cielo. | Mt. 12:40 y Ef. 4:8-10

Fue conocido como el *"seno de Abraham"*, una frase que era un dicho común en la epoca de Jesús, y significaba "una relación estrecha". | Lc. 16:22-23

Abraham fue el padre de los justos, de manera que fueron a estar con él. | Ro. 4:16

Parece que después, cuando Cristo hizo posible la entrada al cielo, el paraíso perdió su propósito, y el infierno se agrandó. | 1 Co. 15:20, 23 e Is. 5:14

¿Ocupó el infierno el espacio que antes ocupó el paraíso?

¡Murió el mendigo, y fue llevado por los ángeles al seno de Abraham!

El infierno

Texto bíblico: Lucas 16:19-31

Significado: Un lugar de castigo reservado para el ateo y el incrédulo.

Verdad central: ¡El infierno ardiente no es un invento de la imaginación! ¡Existe!

Hay tres palabras usadas para el infierno en el Nuevo Testamento.

Gehena. Un lugar de tormento.

Mt. 5:22, 29, 10:28, 18:9, 23:15, 33 y Stg. 3:6

Hades. La morada de los muertos.

Mt. 11:23, 16:18, Lc. 16:23, Hch. 2:27, Ap. 1:18, 6:8 y 20:13

Tártaros. El lugar de castigo.

2 P. 2:4 y Jud. 6-7

¿Son estos tres lugares diferentes?

¿O son tres nombres diferentes para el mismo lugar?

Aunque algunos maestros de la Biblia tratan de separar estos lugares, sobre todo el último, (que se usa sólo cuando se refiere a los ángeles caídos), no cambia nada fundamental en las doctrinas cristianas. ¡Para nosotros, los tres se refieren al mismo infierno!

Por lo que indica los versículos anteriores, sabemos que el infierno es:

Más que la tumba.

El destino final de todos los incrédulos.

Un lugar donde hay:

Oscuridad

Gusanos

Fuego

Venganza eterna

Tormento

Castigo

Crujir de dientes

El infierno es un lugar (localidad):

Preparado por Dios como una prisión para el diablo y sus huestes.

Donde serán guardados los impíos hasta el gran día del juicio.

Aparentemente ubicado en el centro de nuestro planeta (en el núcleo de la tierra).

Que fue visitado por Cristo.

Los cultos falsos tratan de escapar de la verdad de un infierno real, ardiente, usando alguno de los siguientes argumentos:

El infierno es la tumba (muerte).

El fuego mencionado en la Biblia es solamente simbólico.

El infierno no es eterno.

El malvado rápidamente se quema y deja de existir.

Habrá una segunda oportunidad.

Todos estos argumentos son falsos y tienen su base en versículos sacados de su contexto y usados incorrectamente. Igualmente, versículos que no tienen nada que ver con el asunto son utilizados a menudo.

El infierno comparado con la tumba

En la dispensación actual, el infierno no es el lugar para el cuerpo, sino para el alma.

La tumba no es un lugar para el alma, sino para el cuerpo.

Hay sólo un infierno.

Hay millones de tumbas.

El infierno no se encuentra en la superficie de la tierra.

Todas las tumbas se encuentran en la tierra o en el mar.

Un infierno personal no existe (sino en la imaginación).

Hay tumbas personales y palpables.

Solamente Dios puede enviar a los muertos al infierno.

Los hombres entierran sus muertos en tumbas.

El abismo

Lc. 8:31, Ap. 9:1-3, 17:8 y 20:1-10

Es el hogar de los demonios.

Es el lugar donde será encarcelado Satanás durante mil años.

Nunca se usa en relación a los humanos.

El lago de fuego

Mt. 25:46, Ap. 14:9-11 y 20:10-15

¿Será el infierno agrandado?

Es el fin eterno para:

Satanás.

Los demonios.

Los ángeles caídos.

¿Son los ángeles caídos también demonios?

El malo y el incrédulo

¡Y en el Hades alzó sus ojos, estando en tormentos!

Lección 28

El arrebatamiento de la iglesia

Texto bíblico: 1 Corintios 15:51-52 y 1 Tesalonicenses 4:13-18

Significado: El milagroso arrebatamiento (levantamiento) de la iglesia justo antes del inicio de la gran tribulación. Será para reunir la novia con el Señor Jesús cuando él venga en las nubes. (El arrebatamiento no es la segunda venida.)

Verdad central: ¡Aunque muchos grupos están dudando del arrebatamiento, diciendo que no se encuentra en la Biblia, su realidad sí se encuentra muchas veces en las páginas inspiradas!

El arrebatamiento de la iglesia fue predicho por:

Cristo mismo	Mt. 26:64
Los ángeles	Hch. 1:11
Los apóstoles	He. 9:28

El día y la hora del arrebatamiento de la iglesia son desconocidos. Solamente Dios el Padre sabe.
Mt. 24:27, 36, Lc. 12:40, 1 Ts. 5:2 y Ap. 16:15

El tiempo del arrebatamiento de la iglesia está muy cerca.
Fil. 4:5, He. 10:37, Stg. 5:8, Ap. 3:11 y 22:20

¿Cuál es el propósito de la venida de Cristo en el arrebatamiento de la iglesia?
Mt. 16:27, 25:31-32, 1 Co. 4:5 y 2 Ti. 4:1

El conocimiento de la inminencia del arrebatamiento hace:

Que los incrédulos consideren lo que habrá en el porvenir.	Mt. 24:30, Mr. 8:38, 2 Ts. 1:7-8 y Ap. 1:7
Que los creyentes:	
Se preparen.	Mt. 24:44
Sean mayordomos fieles.	Lc. 19:13
Esperen con paciencia.	1 Co. 1:7
Se abstengan de juzgar a los demás.	1 Co. 4:5

Busquen vivir sin culpa.	1 Ts. 5:23
Se esfuercen para obedecer.	1 Ti. 6:14
Tengan una esperanza bienaventurada.	Tit. 2:13
Permanezcan en Él.	1 Jn. 2:28
Se purifiquen.	1 Jn. 3:3

Algunos de los galardones que nos esperan en el arrebatamiento son:

Tener comunión con el Rey	Jn. 14:3
Ser como Él	Fil 3:20-21
Participar de su gloria	Col 3:4
Recibir una corona incorruptible	1 P. 5:4
Verle como Él es	1 Jn. 3:2

Algunas de las señales de la cercanía del arrebatamiento de la iglesia (y de la segunda venida de Cristo):	**Mateo 24**
Muchos falsos profetas	versículos 5, 11 y 24
Guerras y rumores de guerras	versículo 6
Naciones divididas	versículo 7
Hambres	versículo 7
Pestes	versículo 7
Terremotos	versículo 7
Proliferación de estar siempre festejando	versículos 37-38
Aumento en la tasa de divorcios	versículos 37-38
Uso de los satélites	Lc. 21:11
Proliferación de viajes a través del mundo	Dn. 12:4
Asombroso aumento en la ciencia (conocimiento e información)	Dn. 12:4
Las invenciones modernas	

Los medios modernos de comunicación

Los armamentos modernos y electrónicos

La mecanización del sector agrícola

El derramamiento del Espíritu Santo sobre toda carne   Hch. 2:17

… y muchísimo más

En nuestros días hay dos errores graves relacionados con la enseñanza del arrebatamiento de la iglesia.

Algunos niegan el arrebatamiento, diciendo que:

"No es bíblico".

"No acontecerá".

Hay algunos malentendidos sobre el horario del arrebatamiento:

¿Acontecerá antes de la gran tribulación?

¿Acontecerá en medio de la gran tribulación?

¿Acontecerá después de la gran tribulación?

Nuestro punto de vista

La gran tribulación tiene como propósito suyo el castigar a los incrédulos.

Aunque la iglesia pasará por tiempos difíciles de tribulación, no pasará el periodo de la gran tribulación.   Lc. 21:36 y 1 Ts. 5:3-4

Nosotros mantenemos que Cristo vendrá para recibir a su novia antes de la gran tribulación. Esto será el arrebatamiento de la iglesia, pero no será la segunda venida del Señor. La segunda venida del Señor Jesús será después del periodo de la gran tribulación.

¡Ven, Señor Jesús!

La salud y la sanidad

> **Texto bíblico:** 3 Juan 2
>
> **Significado:** El bienestar físico, a veces por medio de sanidades milagrosas.
>
> **Verdad central:** ¡La buena salud es la promesa de Dios para el obediente!

Las promesas de Dios de salud y de sanidad, véase:	Ex. 15:26, Dt. 7:15, Pr. 4:22 y Jer. 30:17
Toda enfermedad proviene de Satanás.	Job 2:4-7 y Hch. 10:38
A veces Dios permite la enfermedad como castigo al pecado.	Lv. 26:15-16, Dt. 28:61, Sal. 107:17-18 y Mi. 6:13
Incluso, el justo la sufre a veces.	2 R. 20:1, Job 2:7, Dn. 8:27, Jn. 11:1, Hch. 9:37, Fil. 2:27 y 2 Ti. 4:20

¿Por qué?

¿Desobediencia?

¿Falta de fe?

¿Falta de entendimiento de la Palabra de Dios?

¿Una prueba de su fe?

¿Para mostrar el poder de Dios para sanar?

Hay ejemplos bíblicos de cada uno de estos casos.

La Biblia menciona la sanidad por medio de:

Médicos	Gn. 50:2, Jer. 8:22, Mt. 9:12 y Col. 4:14
Bálsamos	Jer. 8:22 y 46:11
Medicinas	Pr. 17:22, Jer. 30:13, Ez. 47:12 y 1 Ti. 5:23
Parches	2 R. 20:7
Tratamiento de roturas	Ez. 30:21

Tratamiento de heridas	Is. 1:6 y Lc. 10:34
Desinfectantes	Lv. 14:41 y 15:5
Aislamiento	Lv. 13:4, 46, 14:8, Nm. 5:2, 31:19, 2 R. 15:5 y Lc. 17:12
Sin embargo, la Biblia enseña claramente que Dios prefiere sanarnos por su poder, para que Él sea glorificado.	2 Cr. 16:12 y Jer. 8:22
La Biblia indica las limitaciones de los médicos y de las medicinas.	Mr. 5:25-26

¿Por qué es mejor que los ministros de Dios no busquen a los médicos ligeramente?

Le agrada a Dios si confiamos en Él para nuestra sanidad.

Ir al médico, muchas veces, perjudica nuestra fe.

Más importante, afecta nuestro ministerio a los demás enfermos.

Podemos decir lo mismo de las medicinas.

Los médicos y las medicinas frente la sanidad divina

Los médicos y las medicinas son limitados.

Dios no es limitado.

Los médicos y las medicinas pueden hacer daño; pueden ser peligrosos.

Dios nunca nos hace daño.

Para sanarnos debemos mantener la limpieza. Limpiar bien las heridas. Comer comida limpia. Tomar agua limpia (siempre que sea posible). Dios hará el resto.

Cristo sanó a los enfermos.	Mt. 4:23, 8:3, 16, 9:35, 12:13, 22, 14:36, 15:30, 17:18, 19:2 y 21:14, etc.
Los apóstoles también sanaron a los enfermos.	Hch. 3:7, 5:16, 9:34, 14:10, 19:12 y 28:8
Dios ha dado dones de sanidad dentro de la iglesia.	1 Co. 12:9

La sanidad es:

Parte de nuestra redención (salvación).	Is. 53:5
Parte de la gran comisión.	Mr. 16:15-18
El pan de los hijos de Dios.	Mt. 15:26
Una señal que sigue *"a los que creen"*.	Mr. 16:17-18

Métodos bíblicos de sanidad

Imponer las manos	Mt. 8:3, 15, 9:18, Hch. 9:12 y 28:8
Ungir con aceite	Mr. 6:13 y Stg. 5:14
Hablar, decir la palabra	Mt. 8:8 y 16
Creer para recibir un milagro, por la fe del mismo enfermo	Mt. 9:22, 15:28, Lc. 17:19, 18:42 y Hch. 14:9-10
Confesar nuestras faltas el uno al otro y orar el uno por el otro	Stg. 5:16
Reclamar las promesas de Dios	Ex. 15:26
Llamar a los ancianos de la iglesia	Stg. 5:14
Por los dones de sanidad	1 Co. 12:9
Métodos extraordinarios (especiales)	Hch. 19:11-12

La enfermedad espiritual

	Is. 1:5, Jer. 30:12 y Mr. 2:17
Su sanidad, véase:	Sal. 41:4, Is. 53:5, Jer. 3:22, Os. 6:1 y Lc. 4:18
Aunque la sanidad del alma es más importante que la sanidad del cuerpo, nunca debemos olvidar orar por los enfermos en sus necesidades físicas, porque la sanidad física atrae muchos incrédulos a Dios.	Hch. 3:11, 4:4, 9:34-35,14:10-11, 28:8-10, etc.

¡Amado, yo deseo ... que tengas salud!

Lección 30

La imposición de manos

Texto bíblico: Hebreos 6:1-3

Significado: El acto de imponer las manos sobre otra persona con el propósito de impartir alguna bendición espiritual.

Verdad central: ¡Dios ha puesto poder dentro de nosotros, el cual se puede poner en acción por medio de la imposición de nuestras manos!

La imposición de manos se practicaba en el Antiguo Testamento para:

Bendecir.	Gn. 48:14
Consagrar los sacrificios al Señor.	Lv. 1:4, 3:2, 4:15 y 16:21
Consagrar a los sacerdotes, y además, al servicio de Dios.	Nm. 8:10, 27:18 y Dt. 34:9

La imposición de manos se practicaba en tiempo del Nuevo Testamento para:

Consagrar a hombres y mujeres al servicio de Dios.	Hch. 6:6, 1 Ti. 4:14, 5:22 y 2 Ti. 1:6
Bendecir.	Mt. 19:15 y Mr. 10:16
Sanar.	Mr. 6:5, 7:32, 16:18, Lc. 4:40, 13:13 y Hch. 28:8
Echar fuera demonios.	Mr. 7:32
Impartir el Espíritu Santo.	Hch. 8:17, 9:17-18 y 19:6
Impartir dones del Espíritu.	1 Ti. 4:14 y 2 Ti. 1:6

La imposición de manos

No se debe hacer ligeramente.	1 Ti. 5:22
Es uno de los fundamentos de la fe.	He. 6:1-3
No es simbólico.	
Es el acto de impartir.	

¡Sobre los enfermos pondrán sus manos, y sanarán!

La prosperidad

Texto bíblico: 3 Juan 2

Significado: Tener todo lo necesario para la vida diaria; usualmente, más que suficiente

Verdad central: ¡La prosperidad es otra de las promesas de Dios a los fieles!

Las promesas de Dios de prosperidad:	Gn. 24:40, Dt. 29:9, Sal. 1:3 y 122:6
Ejemplos de prosperidad en el Antiguo Testamento:	
José	Gn. 39:2-4
Josué	Jos. 1:7
David	Sal. 30:6
Salomón	1 R. 3:13
Uzías	2 Cr. 26:5
Ezequías	2 Cr. 31:21
Daniel	Dn. 6:28
Los requisitos para la prosperidad son:	
Andar con Dios	Gn. 39:1-3 y 23
Ser obediente	Dt. 28:1, 29:9 y 1 Cr. 22:13
Mantener pensamientos santos	Jos. 1:8 y Sal. 1:2-3
Tener fe	2 Cr. 20:20 y Neh. 2:20
Buscar a Dios	2 Cr. 26:5 y Jer. 10:21
Mostrar bondad hacia Israel	Gn. 12:1-3 y Sal. 122:6
Ser generoso	Lc. 6:38 y 2 Co. 8:14-15
Algunos no prosperan porque ellos:	
Son rebeldes contra Dios.	Dt. 28:29

Encubren sus pecados.	Pr. 28:13
Luchan contra los siervos de Dios.	Is. 54:17

Peligros de la prosperidad

Olvidarse de Dios	Dt. 6:10-12
Exaltarse a sí mismo	Dt. 8:17
Rebelarse en contra de Dios	Dt. 32:15
Destruirse a sí mismo	Pr. 1:32
Negarle a Dios	Pr. 30:9

Ejemplos bíblicos de los peligros de la prosperidad:

Gedeón	Jue. 8:24-27
Salomón	1 R. 11:4
Nabucodonosor	Dn. 4:30 y 5:20
Israel	Os. 13:6
Cierto hombre rico	Lc. 12:16-19

Somos solamente administradores de las riquezas de Dios.	1 Co. 4:1-2 y 1 P. 4:10

Nuestro orgullo o falta de buena mayordomía pone límites a nuestra prosperidad.

Para prosperar, evitando las trampas, debemos:

Estar agradecidos por todo lo que Dios nos da.

Ser fieles en pagar nuestros diezmos.

Usar el otro 90% de nuestra entrada como Él nos muestra, para algo que lo glorifique y contribuya a su reino.

¿Por qué prosperan los malos?	Job 12:6, Sal. 37:35, 73:3, 12, Jer. 5:28 y 12:1

¡Todo lo que hace, prosperará!

La ley y la gracia comparadas

Texto bíblico: Hebreos 8:6-13

Significado: "La ley" se refiere al código de reglas dados por Dios a su pueblo, empezando con los Diez Mandamientos en el Monte Sinaí.

(Los eruditos judíos han agregado muchos libros de interpretación de la ley, conocidos como el *Talmud*. En general, no los consideramos parte de la ley bíblica.)

Verdad central: ¡Dios nos ha dado un pacto nuevo y mejor!

La ley dada por Dios trata, en su mayor parte, sobre:

Comidas

Sacrificios

Matrimonios

Otras religiones

Días especiales para el Señor

El sacerdocio

El lugar de adoración

Los altares

El incienso, etc.

La ley fue buena.	Sal. 19:7, Ro. 7:12, 14, Jos. 23:6 y 1 Cr. 22:12
Pero la ley fue un yugo sobre el pueblo de Dios.	Hch. 15:10 y Gá. 5:1
El propósito máximo de la ley:	Ro. 3:20, 7:7-8 y Gá. 3:19-25
La ley fue cumplida (y fue abolida) por Cristo.	Mt. 5:17-18, Ro. 7:6, 10:4, 13:8-10, Ef. 2:14-15, Col. 2:14, He. 7:18 y 10:1-14
Estamos ahora bajo la gracia, la ley de Cristo, un pacto mejor.	1 Co. 11:25, He. 8:6, 13, 12:24 y 13:20

Preguntas relacionadas con el cambio de la ley a la gracia: | Ro. 8:2 y Gá. 5:18

1. ¿Debemos los cristianos guardar los Diez Mandamientos?

   En el Nuevo Testamento, se repiten todos los mandamientos, por lo menos en espíritu, con la excepción del cuarto: El guardar el día de reposo.

   Ningún cristiano verdadero matará, ni debe cometer adulterio, robar, etc.

   Para los cristianos cada día es santo. Servimos al Señor todos los días. Guardamos el *"día del Señor"*, el domingo, primer día de la semana, por ser el día de la resurrección. | Jn. 20:19 y Hch. 20:7

2. ¿Qué del diezmar, que no se menciona en el Nuevo Testamento?

   El diezmar no fue parte de la ley.

   Los hombres de Dios siempre han diezmado (aun antes de la ley). | Gn. 14:20

   Diezmar es parte de la ley de las primicias.

   Esta práctica bíblica legítima continuó en la epoca de la gracia. | 1 Co. 16:2

3. ¿Debemos cuidarnos acerca de qué comemos, siguiendo todos los detalles ordenadas por la ley?

   Los apóstoles decidieron imponer pocas restricciones sobre los cristianos gentiles. (Así evitaron muchas diferencias que separaban los gentiles de los creyentes judíos.) | Hch. 15:28-29

   Más tarde, Pablo enseñó que nada es prohibido. | 1 Ti. 4:3-5

   Entonces, comer, o no comer, es cuestión de la conciencia personal. | Ro. 14:2-3

4. ¿Qué valor tiene, el Antiguo Testamento para el creyente?

   Histórico. Revela el trato de Dios para con los hombres durante los siglos pasados. Muestra, dando razón, los fracasos y los éxitos del pueblo de Dios.

   Profético. Está lleno de profecías que se cumplieron en la vida de Cristo, las vidas de los apóstoles, y la vida de la iglesia primitiva, y aún siguen cumpliéndose hoy, o pronto se cumplirán.

   Revelador. Nos revela a Cristo en cada página a través de los tipos (símiles), los símbolos y las sombras.

¡Un mejor pacto, establecido sobre mejores promesas!

La unción

Texto bíblico: 1 Juan 2:20

Significado: Físicamente hablando, ungir significa el verter aceite como una señal de la consagración a la obra de Dios. Espiritualmente, el aceite es un símbolo del Espíritu Santo, quien, cuando viene sobre nosotros, nos trae la verdadera unción.

Verdad central: ¡La unción rompe el yugo!

En el Antiguo Testamento cualquier objeto que iba a ser usado en la obra de Dios tenía que ser ungido primeramente.

Las cosas materiales que se ungieron:

La piedra en Betel	Gn. 31:13
El tabernáculo y todos sus muebles	Ex. 29:2, 36, 30:26, 40:9-11, Lv. 8:11 y 12 y Nm. 7:1
Los escudos de guerra	Is. 21:5

Cualquier persona que era llamada para hacer la obra del Señor tenía que ser ungida especialmente para aquel propósito.

Las personas que fueron ungidas:

Los sacerdotes	Ex. 28:41, 29:7, 29, 40:13 y Lv. 8:30
Los profetas	1 R. 19:16
Los reyes	1 S. 9:16, 10:1, 16:13, 1 R. 1:34-39, 19:16, 2 R. 11:12 y 23:30

Cristo fue ungido para realizar su obra.   Is. 61:1 y Lc. 4:18

Los hombres que fueron llamados y preparados de esa forma, se denominaban a sí mismos los ungidos de Dios, y aun eran llamados así por los demás`.

1 S. 16:6, 24:6, 10, 2 R. 9:3, 6 y Sal. 18:50

La unción debe ser más que un mero acto simbólico. Nunca debe ser tan solamente una ceremonia, sino debe ser una experiencia realmente significativa en la vida.

La persona, el lugar, u objeto, fue literalmente cubierto con el Espíritu Santo.

El aceite usado para la unción

En el caso del tabernáculo, era una mezcla especial de especias y aceites.   Ex. 30:22-25

Al parecer, se usó aceite común para ungir al Rey Saúl.   1 S. 10:1

Parece que el tipo de aceite usado no tiene influencia sobre los resultados.

El aceite de olivo, siendo el más común y más barato en el Medio Oriente, frecuentemente fue, y actualmente es, usado para ungir.

Aunque hay pocas enseñanzas específicas en la Biblia respecto a este asunto, podemos sacar las siguientes conclusiones de lo que la Biblia nos dice.

Hay una unción especial para cada trabajo, cada responsabilidad, y cada ministerio.

Al entrar en una nueva obra para el Señor, uno debe recibir la unción correspondiente: simbólica (de parte de los ancianos) y espiritualmente (de Dios mismo).

La unción viene a través de la fe.

La unción puede desarrollarse mediante:

Oración

Ayuno

Alabanza

Estudio bíblico

Humildad

Santidad personal

Obediencia a la voluntad de Dios

La unción puede perderse por:

Orgullo

Egoísmo

Descuido

Desobediencia, etc.

Otras verdades bíblicas están relacionadas con la unción:

El yugo se pudrirá a causa de la unción	Is. 10:27
No toquéis … a mis ungidos	Sal. 105:15
La unción es un *"óleo de alegría"*.	Sal. 45:7 y He. 1:9
Nunca usaban el aceite de la unción en el Antiguo Testamento durante períodos de tristeza o luto.	2 S. 12:20 y 14:2

¡He dispuesto lámpara a mi ungido!

Lección 34

El ayuno

Texto bíblico: Mateo 6:16-18 e Isaías 58:6-12

Significado: El negarse a sí mismo la comida por un determinado período de tiempo. Es una costumbre que casi se perdió durante los últimos siglos, mas ahora ha sido redescubierta por muchos.

Verdad central: ¡Aún en tiempos modernos, el ayuno sigue siendo una herramienta poderosa para el crecimiento espiritual!

El ayuno fue costumbre de los grandes reformadores de la Iglesia:

Martín Lutero

Juan Calvino

Juan Knox

Jonatán Edwards

Juan Wesley

David Brainard

Carlos Finney

El ayuno fue costumbre de los grandes hombres y mujeres de fe:

Moisés	Ex. 34:28
Elías	1 R. 19:8
Esdras	Esd. 10:6
Daniel	Dn. 10:3
Ana	Lc. 2:37
Jesucristo	Lc. 4:1-2
Pablo	Hch. 9:9
Otros	Hch. 13:2 y 14:23

El ayuno es una costumbre ordenada por Dios.	Jl. 1:14, 2:12, Mt. 17:21 y Lc. 5:33-35

Nosotros ayunamos para:

Ser efectivos en la oración.	Is. 58:9
Cambiar el parecer divino.	Jon. 3:5 y 10
Liberar a los cautivos.	Is. 58:6
Recibir revelación.	Dn. 9:2-3 y 21-22
Dominar la carne.	1 Co. 9:27
Tener salud y sanidad física.	Is. 58:8 y 11
Agradar o agradecer a Dios. (Sin tener otra necesidad, el creyente puede ayunar con el propósito único de demostrar su amor a Dios, para agradarle a Él, o para agradecerle.)	
El ayuno está, a veces, relacionado con el arrepentimiento:	1 R. 21:9-10, 2 Cr. 20:3, Esd. 8:21, Est. 4:16, Jer. 36:9 y Jon. 3:5

El ayuno normal. Tomar solamente agua:

Un ejemplo es el ayuno de Jesucristo.	**Mt. 4:2**

Cuarenta días y cuarenta noches

Él no comió nada.

Después de haber ayunado … tuvo hambre.

Tuvo la tentación de comer, mas no a beber.

La abstinencia de relaciones sexuales en los cristianos casados se puede incluir en el ayuno por *consentimiento mutuo*.	1 Co. 7:3-5

El ayuno total. Tomar absolutamente nada:

Este tipo de ayuno normalmente dura un máximo de tres días.

Es físicamente imprudente ayunar muchos días sin agua.

Las dos excepciones en la Biblia son ayunos sobrenaturales:

Moisés. Cuarenta días y cuarenta noches | Ex. 34:28 y Dt. 9:9-18

Elías. Cuarenta días y cuarenta noches | 1 R. 19:8

No comieron, ni bebieron.

Si un ayuno total pasa de tres días, llega a ser sobrenatural, y debe ser ordenado por Dios.

Un ayuno total, normalmente incluye la abstinencia de las relaciones maritales.

El ayuno parcial. Es el negarse algún tipo de comida por motivos espirituales:

No comer comida sólida

No comer carne

No comer dulces, etc.

Abstenerse de algo que le da mucho agrado | Dn. 10:3

Sacrificar una comida diaria

¿Cuándo debe ayunar?

No hay regla bíblica. | Mt. 6:16

Pero sí hay ejemplos bíblicos del ayuno.

Ayunos regulares. Los fariseos ayunaban dos días a la semana. | Lc. 18:12

Se puede ayunar tres días seguidos cada mes, un día a la semana, o cada día el desayuno, etc. | Jer. 36:6

Según la historia, la iglesia primitiva ayunaba cada miércoles y cada viernes. Los seguidores de Juan Wesley hacían lo mismo.

Ayunos públicos. Un líder del pueblo es movido a convocar a todos a ayunar por un día, o durante ciertos días. | Jl. 2:15, 2 Cr. 20:1-4, Esd. 8:21-23 y Jon. 3:5

Durante la Segunda Guerra Mundial el rey de Inglaterra llamó a su pueblo a ayunar. Esa misma nación había sido convocada a ayunar dos siglos antes a causa de la invasión francesa a su tierra. Juan Wesley dijo, "Cada iglesia de la ciudad se llenó." La crisis se convirtió en alegría nacional porque la invasión francesa fracasó. Así mismo, fracasó la invasión alemana en respuesta al ayuno llamado por el rey.

Ayunos necesarios. Pablo contaba con tiempos de escasez de comida y los aceptó como oportunidades para ayunar.

2 Co. 6:5, 11:27
y Fil. 4:11-12

Ayunos especiales. Una persona siente que Dios le guía a ayunar un determinado período de tiempo, quizás por una necesidad determinada.

Todos los cuatro tipos de ayuno notados son bíblicos, normales, y de gran beneficio espiritual y físico.

Cómo empezar el ayuno:

Debe empezar haciéndose ciertas preguntas:

¿Cómo me está dirigiendo el Señor?

¿Será un ayuno normal, total, o parcial?

¿Cuánto tiempo durará?

¿Son correctos mis motivos?

¿Qué deseo lograr mediante el ayuno?

¿Glorificará a Dios?

Al tomar una decisión, hay que insistir en cumplir con Dios.

El ayuno requiere disciplina personal. Además, nos enseña la disciplina personal.

¡Entonces ayunarán!

Lección 35

La santidad personal

Texto bíblico: Hebreos 12:14

Significado: Vivir una vida que le agrada a Dios

Verdad Central: ¡La santidad de Dios debe invadir cada parte de nuestro ser!

Nuestro Dios es santo.	Ex. 15:11, 1 S. 6:20, Sal. 99:9, Is. 6:3 y Ap. 15:4
Él espera que seamos santos también.	Lv. 11:45, Lc. 1:74-75, 2 Co. 7:1, He. 12:14, 1 P. 1:16 y 2 P. 3:11
La santidad empieza en el corazón.	Mt. 5:8
La verdadera santidad del corazón produce una santidad de apariencia, conducta, lenguaje, hábitos y costumbres.	
La santidad de apariencia:	
El hombre no debe vestirse como una mujer, ni la mujer vestirse como un hombre.	Dt. 22:5 y 11
Cada creyente debe mantener pulcritud y limpieza personal.	Ec. 9:8
Ninguno debe preocuparse indebidamente por su apariencia.	Mt. 6:28
Todos deben vestirse modestamente.	1 Ti. 2:9
Lo que la Biblia dice:	
Del uso excesivo de joyas	Gn. 35:4, Ex. 33:4 y 1 P. 3:3
De los peinados ostentosos	1 Co. 11:14, 1 Ti. 2:9 y 1 P. 3:3
De la desnudez	Lv. 18:6-19 y Ap. 3:18
Del uso de los cosméticos	2 R. 9:30 y Jer. 4:30
De la preocupación indebida respecto a la última moda.	Ro. 12:2

La santidad en la conducta, véase:	Pr. 20:11, 1 Ti. 4:12 y Stg. 3:13
La santidad en el lenguaje, véase:	Pr. 17:27, Mt. 5:37, Col. 4:6 y 2 Ti. 1:13
La santidad al andar, véase:	Ro. 6:4, 8:1, 13:13, Gá, 5:16, Ef. 4:1, 2 P. 3:11 y 2 Jn. 6

Contrario a la crítica de algunos, la enseñanza de la santidad personal no es el "legalismo".

El Nuevo Testamento está lleno de reglas claras y estrictas para la buena conducta del creyente.   1 Ts. 5:22

Aunque no hay enseñanzas bíblicas acerca de cada detalle de la santidad personal, no obstante, los ejemplos de Cristo y los apóstoles, la historia y la experiencia, nos enseñan que afecta a cosas tales como:

Nuestra vida de oración.

Nuestro testimonio.

Nuestra unción para ministrar.

¡Sed santos, porque yo soy santo!

Lección 36

La vida de fe

Texto bíblico: 1 Corintios 9:7-14

Significado: Vivir dependiendo de Dios.

Verdad central: ¡Dios es un buen amo!
¡Paga bien a sus obreros!

Cuando Dios nos llama, Él nos promete pagar:

Diariamente.

Lo que necesitamos.

Cuando lo requiramos.

En la forma que Él escoja.

De la fuente que le agrade.

No nos paga cuando:

Le robamos.

Le desobedecemos.

Malgastamos lo que nos haya dado.

Usamos con egoísmo lo que Él nos da, sin buscar su voluntad.

Debemos estar dependiendo de otras personas por razones espirituales.

Nos volvemos orgullosos.

No cumplimos con el trabajo asignado.

Jesús no pagó un sueldo a sus discípulos.   Lc. 9:1-6 y 10:1-11

Los ministros de la iglesia primitiva también vivieron de la fe.   1 Co. 9:7-11 y 1 Ti. 5:18

Ejemplos bíblicos de la provisión milagrosa de Dios para los hombres y mujeres de fe:

Israel en el desierto   Dt. 2:7

Elías durante la sequía	1 R. 17:6 y 16
La viuda	2 R. 4:6
Los cinco mil	Mt. 14:20
Pedro y el impuesto	Mt. 17:27
Todos los santos	Fil. 4:19

En estos ejemplos notamos:

Que el Señor proveyó en maneras extraordinarias solamente cuando no habían reservas para abastecer las necesidades.

Que el plan de Dios es que los hombres contribuyan a las necesidades nuestras.   Lc. 6:38

Concerniente a la antigua controversia sobre la fabricación de carpas por el Apóstol Pablo:

A pesar de ser Pablo el autor de 1 Co. 9, él trabajaba fabricando carpas.

¿Por qué?	**1 Corintios 9**
Habló del derecho de no trabajar (en lo secular).	versículo 6
No usó este derecho en Corinto, pensando que sería un *"obstáculo"*.	versículo 12
Había alguien quien consideraba que su vida, sin trabajar en lo secular, era un abuso del Evangelio.	versículo 18
Él recibió ofrendas de otras iglesias (a las cuales consideraba su generosidad excesiva) para no tener que recibir de los Corintios.	2 Co. 11:8, 13

¿Sería que hubo falsos apóstoles que abusaron de la bondad de los Corintios?

Basado en sus cartas, a ninguna otra iglesia hizo una declaración semejante de tener suficiencia propia para sus necesidades materiales.

Por lo tanto, parece que el problema fue con la iglesia local de Corinto.

Pablo no hizo carpas en las otras ciudades.

Si eres llamado para criar pollos, bien; si para hacer zapatos, bien; si para ser sirviente, bien. Pero si eres llamado a la predicación del Evangelio, entonces debes vivir del Evangelio, por la fe.

1 Co. 9:14

Las ventajas de vivir por fe

Dios nunca falla.

Su provisión no depende de los hombres.

No depende del correo, del clima, etc.

Dios no tiene límite.

No tenemos que preocuparnos de agradar a una persona, sino de hacer la voluntad de Dios.

Venga lo que venga, estamos seguros para el futuro.

¿Qué costo tiene la vida por fe?

La gente mundana, nuestros parientes y aun nuestros hermanos en Cristo, a veces, no nos van a entender. Es un pequeño precio a pagar por tan maravillosos beneficios.

¡Mi Dios, pues, suplirá todo lo que os falta!

La santificación

Texto bíblico: 1 Tesalonicenses 4:3

Significado: Apartado para el uso divino.

Verdad central: ¡El deseo de todo creyente debe ser llegar a ser una vasija apartada para el uso del Maestro!

En las Escrituras, los siguientes eran santificados:

Un día	Gn. 2:3
El tabernáculo	Ex. 29:43-44
La vestidura	Lv. 8:30
Los hombres	Jn. 17:16-17

La santificación es parte de nuestra salvación. 2 Ts. 2:13

La santificación empieza cuando aceptamos a Cristo. 1 P. 1:2

Es instantánea. 1 Co. 1:30

La santificación continúa desarrollándose durante toda la vida cristiana. Ef. 4:22-24

Es progresiva. 1 Ts. 4:3

Dios nos ordena esforzarnos hacia la santificación. Ex. 19:22, Jos. 3:5 y 1 Ts. 5:23

¿Cómo podemos ser santificados?

A través de la palabra	Jn. 17:17 y Ef. 5:26
A través de la relación estrecha con Cristo	1 Co. 1:30 y He. 13:12
A través de la oposición al pecado	2 Ti. 2:19-21
A través de ser morada del Espíritu Santo	1 P. 1:2

La prueba de la santificación se muestra en que el creyente se separa del pecado y del mundo.	1 Ts. 4:3-4

Los errores más comunes sobre la santificación

Que significa ser, o llegar a ser, santo.

Que es solamente instantánea, o solamente progresiva.

Que es la segunda obra de gracia.

Que reemplaza el bautismo del Espíritu Santo.

Que significar deshacerse del *"viejo hombre"* (del pecado original).

¡Cristo Jesús, el cual nos ha sido hecho por Dios ... santificación!

La predestinación

Texto bíblico: Romanos 8:28-39

Significado: El acto por el cual Dios determinó los eventos de la historia de antemano.

Verdad central: ¡Enseñar la predestinación, separada de la predestinación por el conocimiento previo de Dios, es una violación de las Escrituras!

Dios ha creado al hombre a su imagen.   Gn. 1:26-27

Esto significa que el hombre es un ente moral y libre.

Tiene voluntad propia.

Dios ha ofrecido la salvación a todas las personas.

Quienes lo acepten serán salvos.   Jn. 3:16, 1 Ti. 2:4, 2 P. 3:9
                                                   y Ap. 22:17

Quienes lo desprecien serán perdidos.   Is. 66:22-24, Mt. 25:41-46
                                                   y Ap. 14:9-11

Entonces, Dios no ha escogido. El hombre es quien escoge.

¿Qué es, entonces, la predestinación?

Dios, mediante su capacidad de conocer todas las cosas, ha sabido, desde antes de la fundación del mundo, nuestra decisión, y nos ha predestinado hacia el fin que Él ya sabía que íbamos a escoger.

Creemos, por eso, en la predestinación por el conocimiento previo de Dios.

Somos predestinados al cielo porque hemos aceptado a Cristo como nuestro Señor y Salvador.

Por lo tanto, creemos en la predestinación determinada por el previo conocimiento de Dios.

Somos elegidos porque lo hemos elegido a Él.

Los que no son elegidos, no lo son porque ellos mismos no lo han elegido a Él.

Enseñar la predestinación de otra manera es peligroso porque:

Es una violación del libre albedrío del hombre.

Hace inútil e innecesaria la predicación de la Palabra de Dios.

Hace de la Biblia un libro contradictorio y confuso.

Elimina el deseo de buscar a Dios.

Da una seguridad falsa.

Pasajes acerca de la predestinación que han sido mal interpretados por ciertos creyentes durante varias generaciones, véase: Pr. 16:4, Hch. 4:28, Ro. 9:11, Ef. 1:4, 3:11 y 1 P. 1:20

Si Dios es por nosotros, ¿quién contra nosotros?

El dar

Texto bíblico: Lucas 6:38 y 2 Corintios 9:7

Significado: El privilegio que tenemos de bendecir a la obra de Dios y a los siervos de Dios con nuestros bienes materiales

Verdad central: ¡Dar es el secreto para recibir!

La Biblia nos enseña dar:

Diezmos.

Gn. 14:20, 28:22, Lv. 27:30, 2 Cr. 31:5 y Mal. 3:10

Ofrendas.

2 Cr. 24:6, 1 Co. 16:1 y Mal. 3:8

Limosnas.

Lv. 25:35, Dt. 15:7, Mt. 19:21 y Lc. 11:41

Regalos.

Gn. 24:53, 45:22, 1 S. 9:8, 30:26, 1 R. 14:3, 2 R. 8:9, Job 42:11 y Mt. 2:11

El ejemplo de los primeros creyentes:

Hch. 2:44-45, 4:32 y 34-37

La seriedad del dar con sinceridad y sin motivos egoístas, véase:

Hch. 5:1-11

La Biblia nos manda a dar:

Según nuestra capacidad.

Dt. 16:17, Lv. 14:30, Hch. 11:29 y 2 Co. 8:12

Sin vanagloria.

Mt. 6:3

Libremente.

Mt. 10:8

Con sencillez.

Ro. 12:8

Con regularidad (cada semana).	1 Co. 16:2
Con alegría.	2 Co. 9:7
La cantidad que damos es importante solamente en relación a la cantidad que tenemos para dar, y la cantidad que Dios nos ha dicho que debemos dar.	Mr. 12:42
En el dar, la actitud correcta y la obediencia son lo más importante para considerar.	2 Co. 9:7
No se olvide nunca que sólo somos mayordomos, administrando las riquezas de Dios.	1 Co. 4:1-2
(Véase también "La prosperidad", Lección 31, en la sección, "Los fundamentos", página 81.)	

¡Dad, y se os dará!

El fin del mundo

Texto bíblico: 1 Corintios 15:24-46

Significado: El fin del tiempo en la forma que lo conocemos.

Verdad central: ¡Algunos eventos gloriosos acontecerán pronto!

Aunque hay mucha controversia respecto a los eventos del fin del mundo, nos parece claro que ocurrirán más o menos como se muestra a continuación:

Estamos viviendo ahora **los últimos días**; un tiempo de evangelismo mundial y de gran derramamiento del Espíritu Santo.	Jl. 2:28-29
El próximo evento importante será **el arrebatamiento de la iglesia.**	1 Ts. 4:13-18
Mientras que la iglesia se regocija en el **tribunal de Cristo.**	1 Co. 3:13-15 y 2 Co. 5:10
…y en **las bodas del Cordero**…	Ap. 19:17-19
…**se levantará el anticristo** en la tierra.	Dn. 7:8, 20-21, 24-25, 2 Ts. 2:3-20 y Ap. 13:2-9
Durante los siete años próximos, la tierra soportará el derramamiento de la ira de Dios. A este período, se le conoce como **la gran tribulación.**	Dn. 12:1 y Ap. 16:1-21
Este período se terminará con **la batalla de Armagedón**…	Ap. 19:17-19
…en el cual **el anticristo será destruido.**	Ap. 19:20
Esto acontecerá a causa de **la segunda venida de Cristo** con sus santos *"en poder y gran gloria".*	Mt. 24:30, Ap. 11:15 y 19:11-21
Entonces, **Satanás será atado por mil años.**	Ap. 20:1-3
El milenio, el reino de Cristo, comenzará…	Ap. 20:6
…con **el gran juicio del trono blanco** de todas las naciones.	Mt. 25:31-46

Al fin de este tiempo, **Satanás estará suelto** por un tiempo corto. Muchos le seguirán.	Ap. 20:3
Se terminará el milenio con **el juicio final.**	Ap. 20:11-13
Después del juicio final, Satanás y los suyos serán echados al **lago de fuego.**	Ap. 20:14-15
Los cielos y la tierra serán purificados por fuego. Esto será **EL FIN DEL MUNDO**.	2 P. 3:7-13 y 1 Co. 15:24-26
Se aparecerá **la nueva Jerusalén**, y habrán nuevos **cielos y nueva tierra.**	Ap. 21:1-2

¡Todas las cosas las sujetó debajo de sus pies!

Las doctrinas falsas de la época actual

> **Texto bíblico:** 2 Timoteo 3:1-13
>
> **Significado:** Enseñanzas erróneas.
>
> **Verdad central:** ¡Debido a que vivimos cerca a la segunda venida de Cristo, las falsas doctrinas se están incrementando!

Hay miles de sectas nuevas, enseñanzas nuevas, y religiones nuevas.

Éstas no nos estorban tanto como las doctrinas falsas que entran y destruyen la iglesia verdadera desde adentro.

Algunas de las falsas doctrinas peligrosas de nuestro tiempo:

La respuesta de Dios:

Que los creyentes pueden ser poseídos por los demonios.

1 Jn. 4:4 y Stg. 3:11

Que debemos ser discípulos de alguna persona.

He. 12:2 y 1 Jn. 2:27

Que la santidad externa no es importante porque Dios solamente mira el corazón.

1 Ti. 2:9

Que no habrá el arrebatamiento. La segunda venida de Cristo es solamente espiritual.

1 Ts. 4:13-18

Que podemos vivir mediante una "nueva revelación" sin necesidad de usar la Biblia.

Mt. 24:35

Que los salvos son salvos para siempre; que no se puede perder la salvación.

1 Co. 9:27

Que los creyentes deben participar en paros, en revoluciones, etc.

Ro. 12:2

Que hay pecados insignificantes, como "mentiras santas".

Ap. 21:8

Que la iglesia organizada no es de Dios. Que se debe reunirse en casas sin pastores. (No objetamos al uso de reuniones en casas, organizadas por las iglesias locales.)

Ef. 4:11

Doctrinas falsas acerca del bautismo en el Espíritu Santo:

Que el bautismo en el Espíritu Santo no es para nuestro tiempo.

Ef. 5:18

Que se puede recibir el Espíritu Santo sin el hablar en lenguas.

Hch. 10:45-46

Que el hablar en lenguas no es para todos.	1. Co. 14:5
Que los dones del Espíritu fueron sólo para la iglesia primitiva.	1 Co. 14:1

La Nueva Era, y su corrupción de la doctrina cristiana, es uno de los mayores peligros que enfrenta la Iglesia en la actualidad.

La influencia del movimiento de la Nueva Era, y la influencia de las religiones orientales en la doctrina cristiana, se hacen conocer y sentir, más y más cada día.

Muchas veces, se presentan las influencias sutilmente, y son difíciles de identificar. Peor aún, los hermanos que se han dejado llevar por estas enseñanzas creen que son de mucho beneficio. A pesar del peligro de ofender a ciertos hermanos, amonestemos que se cuiden de los nuevos movimientos que promueven:

La meditación

La regresión psicológica

Los ciclos eternos

La examinación de valores

La tolerancia, y mucho más

Lo asombroso es que estas influencias no son, necesariamente, malas. Por esta razón, es difícil advertir contra ellas. Por ejemplo, la meditación, en el sentido cristiano de concentrarse en Dios, y en su Palabra, es buena.

Sin embargo, todos estos sistemas de pensamiento son promovidos por lo oculto, y la Nueva Era. De la "tolerancia", por ejemplo, se está enseñando que hay que tolerar a personas que tienen otro "estilo de vida". Para los que promueven esto, la "tolerancia" no significa lo que significa para el creyente, quien dice, "Puedo amar al pecador, pero no su pecado." En cambio, la Nueva Era dice, "Tienen que tolerar el pecado también, y tienen que aceptar el nuevo 'estilo' de vida." A causa de esta 'nueva' tolerancia, se dice que si se casan entre homosexuales, pues, es asunto de ellos, y que vengan a la iglesia, sin arrepentirse, sin cambiar.

Amonestemos a la iglesia a ser fuerte, y no dejar que la doctrina pura sea corrompida con las enseñanzas de la Nueva Era.

¡Persiste tú en lo que has aprendido!

La
vida
y las
enseñanzas
de
Cristo

Índice

El propósito de estudiar "La vida y las enseñanzas de Cristo"

Lo primero que Jesús hizo para nosotros fue darnos su propia vida como modelo. Los discípulos del primer siglo adoptaron su ejemplo, y por esta razón fueron llamados "cristianos". También, nosotros somos llamados "cristianos". Mas, ¿somos como Cristo? Por lo tanto, para ser como Cristo, vale estudiar su vida.

Hay ciertas maneras para analizar la vida de Cristo: cronológicamente, por temas, etc. Me encanta estudiar los aspectos milagrosos de su vida. Tal estudio reafirma dos verdades:

1. Me confirma quien es Él.
2. Me muestra lo que puedo ser en Él.

Una gran variedad de temas pueden enfocarse bajo el título "Las enseñanzas de Cristo". ¿Qué enseñó Jesús? La mayoría de los estudios de sus enseñanzas están basadas en examinar sus parábolas. Las parábolas son importantes, y merecen ser estudiadas; sin embargo, los verdaderos cimientos de las enseñanzas de Cristo se hallan en el sermón del monte. En dicho sermón, Él no nos enseñó ni la técnica ni el método, sino los principios y el carácter que aspiramos.

Cuando desarrollamos el carácter de Jesucristo, tan cuidadosamente establecido en el sermón del monte, sus demás enseñanzas se colocarán en su lugar correcto dentro de nuestra vida. Si podemos combinar el estudio de los aspectos milagrosos de la vida de Jesús con el desarrollo del carácter a través del adiestramiento provisto por su sermón más importante, serán fomentados grandes verdades para beneficio propio, y mucho se podrá lograr a corto plazo. Esto, entonces, constituye el propósito de las enseñanzas que están a continuación.

¡De ellos es el reino de los cielos!

Introducción a la vida de Cristo

¿Quién es Jesucristo?

Se dijo ser Hijo de Dios, Dios mismo, y mucho más, pero no todos los hombres le aceptan a Él, ni a sus afirmaciones.

Él dijo que era:

El cumplimiento de las profecías del Antiguo Testamento	Lc. 4:18-21
El Mesías	Jn. 4:26
El Cristo	Mt. 16:16-17
El Hijo de Dios	Jn. 10:36
El Maestro y Señor	Jn. 13:13
El Rey	Jn. 18:37
Mas, sin embargo, su reino no es de este mundo.	Jn. 18:36

Él se llamó a sí mismo:

El pan de vida	Jn. 6:35
La luz del mundo	Jn. 8:12
La puerta del rebaño	Jn. 10:7
El buen pastor	Jn. 10:11
El camino, la verdad, y la vida	Jn. 14:6
La vid verdadera	Jn. 15:1

Él se proclamó digno de alabanza.   Lc. 19:40

Él dijo que:

Existió antes de Abraham (1900 a.C.).	Jn. 8:58
Vino de Dios.	Jn. 6:38, 7:29, 8:23 y 42
Volvería a sentarse a la diestra de Dios.	Lc. 22:69-70

Dios era su Padre.	Mt. 18:35
Él y Dios eran uno.	Jn. 10:30 y 38
Su doctrina era la doctrina de Dios.	Jn. 7:16 y 12:49-50
Creer en Él era creer en Dios.	Jn. 12:44
Verlo a Él era ver a Dios.	Jn. 12:45
Recibirlo a Él era recibir a Dios.	Mr. 9:37
Odiarle a Él era odiar a Dios.	Jn. 15:23
Los ángeles estaban bajo la orden suya.	Mt. 13:41 y 26:53
Tenía poder sobre la muerte.	Jn. 2:19 y 10:17-18
Tenía todo poder en la tierra y en los cielos.	Mt. 28:18
Tenía las llaves al reino.	Mt. 16:19
Sus palabras nunca pasarían.	Mr. 13:31
Sus palabras son espíritu y son vida.	Jn. 6:63
Por sus palabras, será el juicio final.	Jn. 12:48
Mandó a sus discípulos a enseñar todo lo que Él les había enseñado.	Mt. 28:20

¿Salvador del mundo o impostor?

Los judíos de su época lo desafiaron.	Mt. 12:38, Mr. 8:11, Lc. 11:16 y Jn. 2:18
¿Por qué?	
Por largo tiempo habían esperado al Mesías.	
Moisés habló de Él (1500 a.C.).	
También los demás profetas hablaron de Él.	
Pero habían algunos mesías falsos.	Hch. 5:34-39
Dios había hablado siempre a su pueblo mediante señales y milagros. Ejemplos:	
Noé	Gn. 9:12-13
Moisés	Ex. 4:2-9

Gedeón	
Elí	Jue. 6:17 y 36-40
Saúl	1 S. 2:34
Jonatán	1 S. 14:10
Rey Jeroboam	1 R. 13:3-5
Rey Ezequías	2 R. 19:29
y muchos otros	
De hecho, Dios dijo a su pueblo que esperase una señal.	Is. 7.11

Conclusión: ¡Aquello que es milagroso en la vida de Cristo es muy importante para evidenciar que Él fue quien dijo ser!

¿Qué señal nos muestras, ya que haces esto?

Lección 2

Su nacimiento milagroso

Las profecías de Isaías (700 a.C.)	Is. 7:14 y 9:6
La visita del ángel Gabriel a María y sus instrucciones:	**Lucas 1:26-38**
Una virgen desposada.	versículo 27
¡Muy favorecida! El Señor es contigo; bendita tú entre las mujeres.	versículo 28
Se turbó.	versículo 29
No temas, porque has hallado gracia delante de Dios.	versículo 30
Concebirás ... y darás a luz un hijo, y llamarás su nombre Jesús.	versículo 13
Será grande, y será llamado Hijo del Altísimo ... y su reino no tendrá fin.	versículos 32-33
¿Cómo será esto? pues no conozco varón.	versículo 34
El Espíritu Santo vendrá sobre ti, y el poder del Altísimo te cubrirá ... el Santo Ser ... será llamado Hijo de Dios.	versículo 35
Tu parienta Elisabet, ella también ... porque nada hay imposible para Dios.	versículos 36-37
He aquí la sierva del Señor; hágase conmigo conforme a tu palabra.	versículo 38
El dilema de José	**Mateo 1:19**
Sus alternativas	Dt. 24:1
Las instrucciones del ángel hacia él	Mt. 1:20-21
Su obediencia	Mt. 1:24-25
La visita de María a Elisabet	**Lucas 1:39-56**
Fue de prisa a la montaña.	versículo 39
Saludó a Elisabet.	versículo 40
La criatura saltó en su vientre.	versículo 41
Elisabet fue llena del Espíritu Santo.	versículo 41
Bendita tú entre las mujeres.	versículo 42

Bendito el fruto de tu vientre	versículo 42
La madre de mi Señor	versículo 43
Lo que le fue dicho de parte del Señor	versículo 45
Las circunstancias del nacimiento	**Lucas 2:1-7**
Dio a luz a su primogénito.	versículo 7
Y lo envolvió en pañales.	versículo 7
Y lo acostó en un pesebre.	versículo 7
Los pastores	**Lucas 2:8-18**
Fueron visitados por un ángel.	versículo 9
Fue *para todo el pueblo.*	versículo 10
Se anunció *un Salvador, que es Cristo, el Señor*	versículo 11
Hubo una *señal* extraña.	versículo 12
Se apareció *una multitud de las huestes celestiales.*	versículos 13-14
Se nota la fe de los pastores.	versículo 15
Vinieron, pues, apresuradamente.	versículo 16
Llegando, los pastores encontraron todo como les fue anunciado.	versículo 16
Dieron a conocer lo que se les había dicho.	versículo 17
Los reyes magos	**Mateo 2:1-16**
Anduvieron durante una jornada de dos años.	versículo 16
Su arribo a Jerusalén.	versículo 1
¿Dónde está el rey de los judíos?	versículo 2
Porque su estrella hemos visto en el oriente.	versículo 2
…y venimos a adorarle.	versículo 2
El rey Herodes se turbó, y toda Jerusalén con él.	versículo 3

¿Dónde había de nacer el Cristo?	versículo 4
En Belén	versículos 5-6
La estrella … iba delante de ellos.	versículo 9
Llegando, se detuvo sobre donde estaba el niño.	versículo 9
Postrándose, lo adoraron.	versículo 11
Abriendo sus tesoros, le ofrecieron presentes.	versículo 11
Siendo avisados por revelación en sueños que no volviesen a Herodes, regresaron a su tierra por otro camino.	versículo 12

¡El Santo Ser que nacerá, será llamado Hijo de Dios!

Su presentación milagrosa

Hecha de acuerdo a la ley	Ex. 13:2 y 22:29
Simeón	
¿Quién era?	**Lucas 2:25-26**
Justo y piadoso	versículo 25
Esperaba la consolación de Israel.	versículo 25
El Espíritu Santo estaba sobre él.	versículo 25
Le había sido revelado por el Espíritu Santo, que no vería la muerte antes que viese al Ungido del Señor.	versículo 26
¿Qué pasó?	**Lucas 2:27-32**
Movido por el Espíritu, vino al templo.	versículo 27
Él le tomó en sus brazos.	versículo 28
Él *bendijo a Dios.*	versículo 28
Con ver al niño, se dispuso a morir.	versículo 29
Han visto mis ojos tu salvación.	versículo 30
La reacción de José y María	versículo 33
La bendición sobre ellos	versículos 34-35
La profecía para Jesús	versículo 34
La profecía para María	versículo 35
Ana	
¿Quién era?	**Lucas 2:36-37**
Una *profetisa*	versículo 36
De edad muy avanzada	versículo 36
Era viuda hacía ochenta y cuatro años.	versículo 37

No se apartaba del templo.	versículo 37
Sirviendo de noche y de día con ayunos y oraciones	versículo 37
¿Qué pasó?	**Lucas 2:38**
Presentándose en la misma hora	versículo 38
Daba gracias a Dios.	versículo 38
Hablaba del niño a todos los que esperaban la redención en Jerusalén.	versículo 38

¡Han visto mis ojos tu salvación!

Su niñez milagrosa

Poco después de su nacimiento, la vida del niño fue amenazada.	**Mateo 2:13-23**
Dios previno a José	versículo 13
La santa familia:	
Huyó a Egipto.	versículo 14
Tenía provisiones para el viaje.	versículo 11
Retornó debido a una revelación.	versículos 19-21
Volvió a Galilea debido a una revelación.	versículos 22-23
Solamente hay un pasaje más que menciona directamente la niñez de Cristo; revela mucho.	**Lucas 2:40-52**
El niño crecía y se fortalecía [en el espíritu] (según el griego del *Textus receptus*.)	versículo 40
Llegó a ser una persona de Espíritu fuerte, cosa extraña para un niño. Era un niño serio. No habían necedades en Él.	
Se llenaba de sabiduría.	versículo 40
Es un atributo muy raro en un niño.	versículo 40
La gracia de Dios era sobre Él.	
Es la razón que pudo vivir sin pecado. Él tuvo gracia para vencer las tentaciones.	
Tuvo doce años.	versículo 42
Se quedó el niño Jesús en Jerusalén.	versículo 43
Por ser niño serio, sus padres no se preocuparon por Él.	versículos 43-44
Le hallaron en el templo.	versículo 46
Sentado en medio de los doctores de la ley	versículo 46
Oyéndoles	versículo 46
Preguntándoles	versículo 46
Todos los que le oían, se maravillaban de su inteligencia y de sus respuestas.	versículo 47
Se sorprendieron.	versículo 48

¿No sabíais?	versículo 49
Mas ellos no entendieron.	versículo 50
Descendió con ellos ... y estaba sujeto a ellos.	versículo 51
Jesús crecía.	versículo 52

¡Y la gracia de Dios era sobre Él!

Su bautismo milagroso

Juan el Bautista	**Lucas 1:5-25**
Fue un niño nacido por un milagro de Dios.	versículo 13
Fue destinado a la grandeza.	versículos 14-15
Nació de la prima estéril de María.	versículos 5-25
¿Se quedó huérfano a una edad temprana? Algunos creen que sí.	
¿Era parte de la comunidad de Qumrán? Algunos creen que sí.	
Su vida, véase:	Mr. 1:1-8, Lc. 3:2-18 y Jn. 1:6-18
Su promesa, véase:	Jn. 1:26-27
Eventos del día siguiente	**Juan 1:29-32**
Vio Juan a Jesús que venía a él.	versículo 29
He aquí el Cordero de Dios, que quita el pecado del mundo.	versículo 29
Este es aquel.	versículo 30
Es antes de mí.	versículo 30
Era primero que yo.	versículo 30
No le conocía.	versículo 31
El bautismo mismo	
Jesús insistió en ser bautizado, a pesar de la objeción de Juan.	Mt. 3:14
El cielo se abrió.	Lc. 3:21
Descendió el Espíritu Santo sobre Él en forma corporal, como paloma.	Lc. 3:22
Vino una voz del cielo.	Mt. 3:17 y Lc. 3:22
Juan el Bautista dio testimonio.	Jn. 1:32-34

¡Este es mi Hijo amado!

Lección 6

Su ministerio milagroso

Él:

Cambió el agua en vino.	Jn. 2:7-10
Alimentó a las multitudes.	Mt. 14:15-21, Mr. 6:34-44, 8:1-9, Lc. 9:12-17 y Jn. 6:5-13
Caminó sobre las aguas.	Mt. 14:25, Mr. 6:48, y Jn. 6:19
Calmó la tempestad.	Mr. 4:39 y Lc. 8:24
Dio vista al ciego.	Mt. 9:29-30, Mr. 8:25, 10:52, Lc. 7:21 y Jn. 9:7
Sanó al sordo.	Mt. 7:35 y 9:25-27
Sanó al mudo.	Mt. 9:33, 12:22 y 15:30
Sanó al paralítico.	Mt. 8:6-7, Mr. 2:10-12 y Lc. 5:24-25
Sanó a los leprosos.	Mt. 8:2-3, Mr. 1:40-42, Lc. 5:13 y 17:12-14
Echó fuera demonios.	Mr. 5:8-13 y Lc. 8:27-33
Resucitó a los muertos.	Mt. 9:24-26, Mr. 5:39-42, Lc. 7:12-15, 8:52-55 y Jn. 11:43-44
Hizo muchos milagros más.	Jn. 20:30

Su Palabra fue con poder

Lucas 4

Y todos daban buen testimonio de él, y estaban maravillados de las palabras de gracia que salían de su boca.	versículo 22
Y se admiraban de su doctrina, porque su palabra era con autoridad.	versículo 32
Y estaban todos maravillados, y hablaban unos a otros, diciendo: ¿Qué palabra es esta, que con autoridad y poder manda a los espíritus inmundos, y salen?	versículo 36
Y su fama se difundía por todos los lugares de los contornos.	versículo 37

¡Le siguió mucha gente, y sanaba a todos!

Su cumplimiento milagroso de las Escrituras

(Es el tema principal de Mateo.)

La Profecía	El Cumplimiento
Isaías 7:14	Mateo 1:22-23
Miqueas 5:2	Mateo 2:5-6
Oseas 11:1	Mateo 2:15
Jeremías 31:15	Mateo 2:17-18
Hablada, no escrita	Mateo 2:23
Isaías 40:3	Mateo 3:3
Isaías 9:1-2	Mateo 4:14-16
Isaías 53:4	Mateo 8:17
Malaquías 3:1	Mateo 11:10
Isaías 42:1-4	Mateo 12:17-21
Isaías 6:9-10	Mateo 13:14-15
Salmo 78:2	Mateo 13:35
Isaías 29:13	Mateo 15:7-9
Zacarías 9:9	Mateo 21:4-5
Salmo 118:25-26	Mateo 21:9
Isaías 56:7 y Jer. 7:11	Mateo 21:13
Salmo 8:2	Mateo 21:16
Salmo 118:22	Mateo 21:42
Salmo 110:1	Mateo 22:43-44
Zacarías 13:7	Mateo 26:31
Zacarías 11:12-13	Mateo 27:9-10
Salmo 69:21	Mateo 27:34

La Profecía	El Cumplimiento
Salmo 22:18	Mateo 27:35
Salmo 22:8	Mateo 27:43
Salmo 22:1	Mateo 27:46

¡Este es de quien está escrito!

Su muerte milagrosa

El sumo sacerdote rasgó sus vestiduras	**Mateo 26:62-65**
Eran vestiduras santas.	Ex. 29:21 y Lv. 8:30
Fueron confeccionadas para no ser destruidas fácilmente.	Ex. 28:32
Era prohibido rasgarlas.	Lv. 10:6
Los reyes rasgaron sus vestiduras.	2 R. 22:11, Est. 4:1, Job 1:20 e Is. 36:22
Pero nunca, en la historia, lo había hecho un sumo sacerdote.	
Por su acción, Caifás indicó el fin del sacerdocio humano.	
¿Por qué lo hizo? Él mismo entrevistó al Señor.	**Mateo 26:63-64**
Que nos digas si eres tú el Cristo, el Hijo de Dios	versículo 63
Tú lo has dicho	versículo 64
Dios actuó por medio de Caifás. Seguramente, él tampoco entendió lo que le llevó a rasgar las vestiduras sagradas.	
Pilato se lavó las manos	Mt. 27:1-2, 11-26, Lc. 23:1-7 y 12-25
Jesús fue traído ante él.	**Mateo 27** versículos 1-2
Hizo la misma pregunta que Caifás había hecho.	versículo 11
Jesús contestó, *"Tú lo dices."*	versículo 11
Pilato no fue convencido por las acusaciones de los jefes judíos contra Cristo.	**Lucas 23** versículo 4
Los argumentos continuaron.	versículo 5
Pilato envió a Cristo donde Herodes.	versículo 7
Herodes estuvo feliz al verlo.	versículo 8
Jesús no contestó.	versículo 9

Lo mandó nuevamente a Pilato.	versículo 11
Pilato y Herodes se hicieron amigos.	versículo 12
Pilato decidió castigar a Cristo y soltarlo.	versículo 16
Pilato sabía que todo fue por envidia.	**Mateo 27** versículo 18
Su esposa tuvo un sueño.	versículo 19
Pero el pueblo insistió en crucificar a Cristo.	versículos 21-22
La tercera vez	versículo 22
Cristo fue sentenciado; Barrabás fue liberado.	versículos 24-25
Pilato se lavó las manos.	versículo 24

A mediodía, Dios envió tinieblas sobre toda la tierra: Mt. 27:45

Desde la hora sexta (las doce del mediodía).

Hasta la hora novena (las tres de la tarde).

¿Viernes? Era el día más importante de la celebración.

   Por las festividades la ciudad estaba llena de visitantes.

La obscuridad no fue por un eclipse de sol.

No fue una tormenta.

   Sobre toda la tierra   Mt. 27:45 y Lc. 23:44

¿Quién tiene poder para apagar el sol?

   Este hecho se menciona en varios documentos de la época,
   tanto cristianos, como no cristianos.

¿Por qué se cubrió la tierra de obscuridad?

   Dios enfocó toda la atención en la muerte de su Hijo.

   Dios puso su sello de aprobación sobre el burlado *"Rey de
   los judíos"*.

   Dios escondió de la vista humana el sufrimiento más agónico
   que jamás alguien haya soportado.   Is. 53:3-12

El velo del templo se rasgó por la mitad, quedando en dos partes. | **Mateo 27:51**

Era el lugar del sacrificio de sangre.

El velo dividía el lugar santo del lugar santísimo.

La presencia de Dios moraba allí, detrás del velo.

Era la hora del sacrificio de la tarde.

Los sacerdotes estaban en sus lugares.

Luego, muchos sacerdotes entendieron y creyeron. | Hch. 6:7

¿Cuál fue el significado del velo rasgado?

Que, para el pecado, ahora había un mejor remedio.

Que ahora las barreras hechas por causa del pecado fueron removidas. El hombre podría entrar directamente a la presencia del Dios Santo.

Ahora el velo es un símbolo de Cristo, quien fue desgarrado por nuestros pecados. | He. 10:19-20

Entonces un terremoto sacudió a la ciudad. | **Mateo 27:51**

Fue tan fuerte que las piedras se rompieron, pero ninguna casa cayó.

El templo no fue destruido.

La cruz no se movió de su lugar.

¿Cuál fue el significado del terremoto?

Fue la confirmación y aprobación del sacrificio de Cristo.

Trajo atención hacia la cruz.

Introdujo el Nuevo Pacto.

También la entrega de la ley por Dios fue acompañada con un terremoto. | Ex. 19:18

Fue un hecho palpable que animó al centurión pagano a declarar, *"Verdaderamente éste era Hijo de Dios."*	Mt. 27:54
Se suman los testimonios de los demás.	Lc. 23:48
¿Dónde estaban los fariseos y los sumos sacerdotes?	
Finalmente Jesús dio un clamor a gran voz.	Mt. 27:50, Mr 15:37 y Lc. 23:46
Un clamor fuerte, que no era natural.	
Se muestra una conexión entre el lamento, el terremoto, y el velo rasgado.	
Ciertamente fue un clamor de victoria.	

¡Verdaderamente éste era Hijo de Dios !

Su resurrección milagrosa

Se selló la tumba.	**Mateo 27:62-66**
El día después de la crucifixión los líderes de los judíos, los sacerdotes, y los fariseos se reunieron con Pilato.	versículo 62
Ellos recordaron las palabras proféticas.	versículo 63
Pidieron que la tumba fuera vigilada por tres días.	versículo 64
Pilato estuvo de acuerdo, enviando una guardia para:	versículo 65
Asegurar la tumba.	
Sellar la piedra.	
Hacer vigilancia.	versículo 66
Ocurrió el segundo terremoto en tres días.	**Mateo 28:2-15**
Un ángel del Señor descendió.	versículos 2-3
Las guardias se desmayaron.	versículo 4
¡No está aquí!	versículo 6
Los guardas dieron su informe.	versículos 11-15
Pedro visitó la tumba.	**Lucas 24:12 y Juan 20:3-8**
Vio los lienzos solos, y se fue a casa maravillándose.	
Jesús abandonó la tumba sin remover el sudario y sin mover la piedra.	
Jesús se levantó con cuerpo glorificado.	
Las puertas cerradas ... donde los discípulos estaban reunidos	Jn. 20:19
Él se desapareció de su vista.	Lc. 24:31
Palpad, y ved.	Lc. 24:39
Comió delante de ellos.	Lc. 24:43

Otros resucitaron al mismo tiempo.	**Mateo 27:52-53**
Se abrieron los sepulcros.	versículo 52
Hubieron *muchos cuerpos...*	versículo 52
De santos que habían dormido, se levantaron	versículo 52
Y saliendo de los sepulcros...	versículo 53
Vinieron a la santa ciudad.	versículo 53
Y aparecieron a muchos.	versículo 53
¡La señal del profeta Jonás se cumplió de manera asombrosa!	

¡No está aquí! ¡Pues ha resucitado!

Sus presentaciones milagrosas después de la resurrección

Cita	Presentación a:
Mr. 16:9-11	*María Magdalena*
Jn. 20:11-18	*María*
Mt. 28:1-10	*María Magdalena y la otra María*
Mr. 16:12-13	*Dos de ellos*
Lc. 24:13-35	*Dos de ellos*
Mt. 28:16-18	*Los once* (en Galilea)
Mr. 16:14-20	*Los once*
Lc. 24:36-49	Los once
Jn. 20:19-23	Los discípulos (Tomás estuvo ausente)
Jn. 20:24-31	Tomás (con los demás)
Jn. 21:1-14	Sus discípulos (en el Mar de Galilea)
1 Co. 15:5	Pedro
1 Co. 15:6	Más de quinientos hermanos
1 Co. 15:7	Jacobo, el hermano de Jesús
Hch. 1:3	¿Otros?

¿No ardía nuestro corazón en nosotros?

Lección 11

Su ascensión milagrosa

Él: | **Marcos 16:19-20**

Habló con ellos. | versículo 19

Fue recibido arriba en el cielo. | versículo 19

Se sentó a la diestra de Dios. | versículo 19

Este evento impulsó en los discípulos el deseo de predicar. | versículo 20

Él: | **Lucas 24:50-53**

Alzó *sus manos.* | versículo 50

Los bendijo. | versículo 50

Se separó de ellos. | versículo 51

Fue llevado arriba al cielo. | versículo 51

Este evento inspiró a los discípulos:

A rendirle adoración *con gran gozo.* | versículo 52

A permanecer *siempre en el templo, alabando y bendiciendo a Dios.* | versículo 53

Él: | **Hechos 1:1-11**

Estuvo junto con ellos. | versículo 4

Les mandó … que esperasen la promesa del Padre. | versículo 4

Contestó sus preguntas. | versículo 7

Les prometió *"poder".* | versículo 8

Fue alzado. | versículo 9

Fue recibido por *una nube.* | versículo 9

Dos ángeles aparecieron. | versículo 10

Ellos anunciaron la segunda venida de Cristo. | versículo 11

La ascensión inspiró a los discípulos a realizar todas las obras que se hallan en el libro de la historia de la iglesia: *Hechos de los Apóstoles.*

¡Este mismo Jesús … así vendrá como le habéis visto ir!

La conclusión al estudio de la vida de Cristo

Cada aspecto de la vida de Cristo fue milagroso.

Todas las evidencias prueban la veracidad de sus palabras.

Él es quien se dijo ser.

Pruebas adicionales

No habla solamente la Biblia de Jesús. Varias historias seculares lo mencionan con gran respeto y con temor, así también con odio y con burla.

Los siguientes lugares, que fueron importantes en la vida de Cristo, son conocidos, aún en la actualidad. A través de la historia, la tradición, y la geografía de casi veinte siglos se han mantenido como sitios santos.

En Egipto	La casa de José
En Belén	El lugar del pesebre
En Nazaret	El pozo de María
	La carpintería de José
	La casa de José y María
	La sinagoga donde Jesús predicó, siendo muchacho
En el Jordán	El lugar de su bautismo
En Caná	El lugar de su primer milagro
En Capernaúm	La casa de Pedro
En Galilea	El lugar de la multiplicación de los peces y el pan
	El sitio del sermón del monte
En Jerusalén	El estanque de Siloé
	El monte de los Olivos
	El lugar donde Jesús fue azotado, la Fortaleza Antonia
	El lugar de la crucifixión, Gólgota

En Betania   La casa de María y Marta

                    La tumba de Lázaro

Muchos otros

Para aquellos de nosotros que lo conocemos personalmente, Él es real, porque vive en nuestros corazones.

¡Tú eres el Cristo!

La introducción al estudio de las enseñanzas de Cristo

Texto bíblico: Mateo 5:1-2

Un estudio de los cuatro Evangelios no es tan sencillo como puede parecer, porque:

Los Evangelios representan el fin del Antiguo Testamento.

Para cumplir (su cumplimiento)	Mt. 5:17
Consumado es (su consumación)	Jn. 19:30
Y el principio del Nuevo Testamento	Mt. 26:28

Cubren tres años y medio de transición del Antiguo, al Nuevo Testamento.

Jesús vivió bajo el Antiguo, pero nos trajo el Nuevo Testamento.

A veces los Evangelios parecen contradecirse entre sí.

Al joven rico dijo, *"Si quieres entrar en la vida, guarda los mandamientos".* — Mt. 19:16-22

A Nicodemo el fariseo, dijo, *"Os es necesario nacer de nuevo".* — Jn. 3:7

El primer versículo se refiere al Antiguo Testamento y fue dado cerca del fin del ministerio terrenal de Cristo.

El segundo versículo trata del Nuevo Testamento y fue dado al principio de su ministerio terrenal.

La Iglesia nació en Pentecostés. Antes de la cruz nuestra salvación del pecado era imposible.

Debemos observar las enseñanzas de Cristo a la luz de la Biblia entera.

El estudio que sigue está basado en el sermón del monte, que se halla en Mateo capítulos 5, 6, y 7.

En este sermón, ante todo, el Señor nos dio ocho pasos hacia una vida espiritual más profunda (las bienaventuranzas).

A continuación, trató otros veintiséis temas de importancia

¡Les enseñaba!

Lección 14

Los pobres en espíritu

Texto bíblico: Mateo 5:3, 18:4 y Lucas 14:10-11

La humildad de Cristo

Soy manso y humilde de corazón	Mt. 11:29
Esto fue visto en su:	
Reputación.	Mt. 2:23 y Jn. 1:46
Condición económica.	Mt. 8:20
Nivel social.	Mt. 13:55
Ministerio a los discípulos.	Jn. 13:5

Otros ejemplos de humildad

Juan el Bautista	Mt. 3:14
El centurión	Mt. 8:8
Una mujer de Caná	Mt. 15:27
El hijo pródigo	Lc. 15:1 y 19
El publicano	Lc. 18:13

Los que vinieron a sus pies en humildad

Los enfermos	Mt. 15:30
Padres con hijos necesitados	Mr. 5:22, 23 y 7:25
Una mujer pecadora	Lc. 7:37-38
Un hombre liberado de demonios	Lc. 8:35
Una mujer que buscaba la verdad	Lc. 10:39

Una hermana en luto	Jn. 11:32
Juan el profeta	Ap. 1:17

Ejemplos de la falta de humildad

Algunos judíos en los días de Cristo	Lc. 3:8, Jn. 8:39, 9:28 y 41
El fariseo	Jn. 18:11-12

Una promesa al humilde, véase:

Lc. 18:14

¡De ellos es el reino de los cielos!

Lección 15

Los que lloran

Texto bíblico: Mateo 5:4, Lucas 6:21b y Salmos 51:17

Los verdaderos creyentes se lamentan solamente a causa de su propio pecado.

El mensaje de Juan, véase:	Mt. 3:2
El mensaje de Jesús, véase:	Lc. 13:1-3
Ejemplos bíblicos:	
Pedro	Mr. 14:72
El hijo pródigo	Lc. 15:20-21
El publicano	Lc. 18:13
La falta de arrepentimiento	Mt. 11:20-24
Ejemplos bíblicos:	
Los hermanos del hombre rico	Lc. 16:27-31
Los fariseos	Mr 3:1-6
Los discípulos	Mr. 8:14-21
El ladrón en la cruz (un modelo de arrepentimiento)	**Lucas 23:39-43**
Reprendió a su compañero.	versículo 40
Reconoció su condición pecadora ante Cristo.	versículo 41
Demostró su fe.	versículo 42
Reconoció a Jesús como *"Señor"*.	versículo 42
Recibió una respuesta inmediata.	versículo 43

¡Ellos recibirán consolación!

Los mansos

Texto bíblico: Mateo 5:5

La mansedumbre es:

Un aspecto del fruto del Espíritu.	Gá. 5:22-23
Esencial para poder enseñar.	2 Ti. 2:25
Esencial para aprender bien.	Stg. 1:21
Estimada por Dios.	1 P. 3:4

Se debe buscar mansedumbre.   Sof. 2:3

La mansedumbre de Cristo

No abrió su boca	Is. 53:7
Soy manso	Mt. 11:29
Tu Rey viene a ti, manso	Mt. 21:5
Vuelve tu espada	Mt. 26:52
La mansedumbre y ternura de Cristo	2 Co. 10:1
También Cristo padeció por nosotros, dejándonos ejemplo	1 P. 2:21

Otros ejemplos de personajes mansos

Moisés	Nm. 12:3
David	2 S. 16:11-12
Jeremías	Jer. 26:14
Esteban	Hch. 7:60
Pablo	2 Ti. 4:16

Debemos mostrar mansedumbre unos a otros, véase:	Lc. 6:29-30, Ef. 4:2, Tit. 3:2 y Stg. 3:13

Promesas para los mansos

Heredarán la tierra.	Sal. 37:11
Serán tratados con *equidad.*	Is. 11:4

¡Ellos heredarán la tierra!

Los que tienen hambre y sed de justicia

Texto bíblico: Mateo 5:6, Lucas 6:21a e Isaías 55:1-2

Hambre espiritual es:

Un deseo profundo de Dios, que nos lleva a buscarlo hasta que estemos satisfechos.

Sal. 42:2, 63:1, 119:20, 131, 143:6 e Is. 26:9

Dios siempre responde a este deseo.

Sal. 36:8, 103:5, 107:9, Is. 58:11 y Jn 7:37

Un ejemplo bíblico:

Judá

2 Cr. 15:15

Nada se puede recibir de parte de Dios sin desearlo.

Salvación

Hch. 2:21

Crecimiento espiritual

1 P. 2:2

El Espíritu Santo

Mt. 7:7-11

Los dones del Espíritu

1 Co. 12:31

El hambre espiritual nos hace persistentes.

Abraham

Gn. 18:32

Jacob

Gn. 32:26

Moisés

Dt. 9:18

La mujer de Caná

Mt. 15:27

El noble

Jn 4:49

La iglesia primitiva

Hch. 12:5

En el texto griego, pedir, buscar y llamar son verbos progresivos que significan: pida, y siga pidiendo; busque, y siga buscando; llame, y siga llamando.

Lucas 11:5-10

El hambre verdadero no permite que descansemos hasta que estemos llenos.

¡Ellos serán saciados!

Lección 18

Los misericordiosos

Texto bíblico: Mateo 5:7

Dios es misericordioso, véase:	Sal. 103:17
Nos ordena, como hijos de Dios, a ser misericordiosos también.	Pr. 3:3, Mi. 6:8 y Lc. 6:36

Promesas al misericordioso

A su alma hace bien el hombre misericordioso.	Pr. 11:17
En las tinieblas nacerá tu luz.	Is. 58:10
Prolongación de tu tranquilidad	Dn. 4:27
Os perdonará	Mt. 6:14
Heredad el reino	Mt. 25:34
Se os dará	Lc. 6:38

Cristo como nuestro ejemplo, véase:	Lc. 9:54-56 y Jn 8:7-11

Otros ejemplos bíblicos:

Saúl	1 S. 11:12-13
David	1 S. 26:8-9 y 2 S. 19:21-23
Salomón	1 R. 1:51-53
Elías	2 R. 6:22

Las personas que faltan misericordia, y sus resultados

No serán recordados. *Él corte de la tierra su memoria.*	Sal. 109:14-16
No serán oídos.	Pr. 21:13

Acarrean ayes sobre sus vidas.	Ez. 34:2-4
Tampoco vuestro Padre os perdonará vuestras ofensas.	Mt. 6:15
Le entregó a los verdugos … así también mi Padre celestial hará con vosotros.	Mt. 18:34-35
Apartaos de mí.	Mt. 25:41
Son dignos de muerte.	Ro. 1:31-32
Recibirán *juicio sin misericordia.*	Stg. 2:13
Le es pecado.	Stg. 4:17

¡Ellos alcanzarán misericordia!

Lección 19

Los de limpio corazón

Texto bíblico: Mateo 5:8

El corazón limpio es:

Un requisito para entrar al cielo.	Sal. 24:3-4
El fin, o la meta, para el cual nos esforzamos.	1 Ti. 1:5
Un mandamiento de Dios.	
Consérvate puro	1 Ti. 5:22
De corazón puro	1 P. 1:22
La señal de los *"ministros de Dios"*.	2 Co. 6:4-6
Obtenida *"por fe"*.	Hch. 15:9
Un requisito para participar en la Santa Cena.	1 Co. 11:28

Debemos ser ejemplos de pureza de corazón.   1 Ti. 4:12

¿Podemos purificarnos nosotros mismos?   1 Jn. 3:3

Es un proceso, no es instantáneo.	1 P. 1:7, Job. 23:10, Sal. 66:10, Zac. 13:9 y Ap. 3:18

La falta de pureza interfiere con:

La entrada al cielo.	2 Co. 6:17
Nuestras oraciones.	Stg. 4:3
Los dones del Espíritu.	1 Co. 13:1-2
…y mucho más	

¡Ellos verán a Dios!

Los pacificadores

Texto bíblico: Mateo 5:9 y Santiago 3:18	
Nuestro Dios es un *"Dios de paz"*.	Ro. 15:33 y 16:20
Cristo es el *"Príncipe de Paz"*.	Is. 9:6
Compró la paz para el mundo.	Lc. 2:14 e Is. 53:5
El Evangelio es *"Evangelio de la paz"*.	Ro. 10:15 e Ef. 6:15
Dios busca a hombres de paz para que la vivan y la prediquen.	Is. 52:7
La paz es:	
Un aspecto del fruto del Espíritu.	Gá. 5:22
Un saludo bíblico.	Gn. 43:23, 1 S. 25:6 y Jn. 20:19, etc.
La promesa no es para los que tienen paz, sino para los que crean paz, los pacificadores.	
Busca la paz, y síguela.	Sal. 34:14
Estad en paz con todos los hombres.	Ro. 12:18
Sigamos lo que contribuye a la paz.	Ro. 14:19
Sigue ... la paz.	2 Ti. 2:22
La paz de Dios gobierne en vuestros corazones.	Col. 3:15
Tened paz entre vosotros.	1 Ts. 5:13

¡Ellos serán llamados hijos de Dios!

Lección 21

Los que padecen persecución

Texto bíblico: Mateo 5:10-12, 1 Pedro 2:19, 4:14 y 19

Sacrificio (santo) y sufrimiento incluyen:

Persecución	Jn. 15:20 y Hch. 8:1
Odio	Mt. 10:22
Pérdida de tesoros mundanos y/o miembros familiares	Mt. 19:29
Sufrimiento físico	Hch. 9:16 y 2 Co. 11:23-27
Pérdida de reputación	1 Co. 4:10 y 2 Co. 4:5
Muerte	Mt. 10:39 y 2 Co. 4:11-12

Sacrificio (santo) y sufrimiento no incluyen sufrimiento a causa de nuestro:

Pecado (Recuerde que Jesús dijo, *"por mi causa"*).	
Fracaso por falta de sabiduría.	1 P. 2:20, 3:17 y 4:15
Desobediencia.	

Sufrimiento y sacrificio

Son parte normal de la vida cristiana.	Fil. 1:29, Ro. 8:17, 1 Ts. 3:4 y 2 Ti. 3:12
No son nuevos o extraordinarios.	2 Cr. 36:16, Hch. 7:52 y Stg. 5:10
Estamos llamados a soportarlos.	1 P. 2:21
Podemos soportarlos.	1 Co. 4:12 y 13:4
Debemos regocijarnos en ellos.	Ro. 8:18, Col. 1:24, 1 P. 4:13, 2 Co. 12:10 y 1 P. 4:16
Nos perfeccionan.	2 Co. 1:6-7, Fil. 3:10 y He. 2:10

Los galardones prometidos a aquellos que sufren por Cristo

Reinaremos con él	2 Ti. 2:12
Tenéis en vosotros una mejor y perdurable herencia en los cielos	He. 10:34
El galardón	He. 11:26
Vivieron y reinaron con Cristo mil años	Ap. 20:4

¡Vuestro galardón es grande en los cielos!

Lección 22

La sal de la tierra y la luz del mundo

Texto bíblico: Mateo 5:13-16

Nosotros somos la sal de la tierra.

Como sal, nuestra buena influencia puede:

Preservar	Mr. 9:50
Salvar	1 Co. 7:16
Inspirar	2 Co. 9:2 y He. 11:4
Evangelizar	1 Ts. 1:8
Por eso, debemos dar un buen ejemplo.	Jn. 13:14, 2 Ts. 3:9 y 1 Ti. 4:12

La sal puede perder su efectividad. — Is. 1:21-22, Lc. 11:26, 2 Ts. 3:13 y 2 P. 2:20

El resultado:

Egoísmo	Pr. 14:14
Indiferencia	Mt. 24:12
Pérdida de la preparación para el Reino	Lc. 9:62
Esclavitud	Gá. 4:9
Pérdida del entusiasmo espiritual	Ap. 2:4
Cuando estas cosas pasan, la sal se vuelve inútil y debe ser arrojada.	Mt. 8:12, 22:12-13, Jn. 15:6 y 1 Co. 9:27
Deja de ser agradable a Dios.	He. 10:38

Nosotros somos la luz del mundo. — Hch. 13:47 y Fil. 2:15

Por eso, debemos caminar como hijos de la luz. — Ef. 5:8 y 1 Ts. 5:5

¿Es posible esconder la luz?   Jn. 12:42 y 19:38

La luz debe producir buenas obras que dan por resultado el dar gloria a Dios.

Jn. 15:8, 1 Ti. 6:18,
Tit. 2:7, He. 10:24,
Stg. 2:17-18 y 1 P. 2:12

Algunas de las buenas obras que deben verse en cada creyente:

Un buen testimonio

El ayudar a sus vecinos, familiares, y amigos

Una vida personal de devoción

Una vida santa

La fidelidad para con la iglesia local

El cuidado especial de los ancianos, huérfanos, extranjeros, hambrientos, prisioneros, y enfermos

El dar

¡Así alumbre vuestra luz!

Lección 23

La ley eterna

Texto bíblico: Mateo 5:17-20

(Véase "La ley y la gracia comparadas", Lección 32, de la sección, "Los fundamentos", página 83.)

El vencer la carne

Texto bíblico: Mateo 5:21-22

Oísteis que fue dicho a los antiguos: no matarás.	Ex. 20:13 y Mt. 19:18

Jesús refiriéndose a la ley.

Pero yo os digo

Jesús ofreció una ley que es más alta y más noble; una ley que demanda más. Exigió no solamente el no matar, sino también el no enojarse. Jesús pedía que sus seguidores sean vencedores de la carne.

El hombre del Antiguo Testamento hizo bien en no matar, pero el hombre del Nuevo Testamento (en quien mora Cristo), no debe matar, ni con un pensamiento. Debe tener dominio propio en toda su vida:

En su interior, su espíritu	Pr. 16:32
En su vida, en general	Hch. 24:25
Sobre sus deseos carnales	Ro. 6:12
Sobre sus palabras	Stg. 3:2

¿Debemos esforzarnos para vencer la carne? ¿O esto está incluido en el paquete de la salvación?

	2 P. 1:5-7
El ejemplo de Pablo	
	1 Co. 9:27

Dios nos ha mandado que debemos abandonar el enojo.	Sal. 37:8, Pr. 14:17, 19:11, Ec. 7:9 y Stg. 1:19-20

Para el hombre del Antiguo Testamento era muy difícil.

Para el hombre entregado a Cristo todas las cosas son posibles.

¡Al que cree todo le es posible!

Lección 25

La reconciliación

Texto bíblico: Mateo 5:23-26

Dios no:

Recibe nuestras ofrendas cuando hay disensión entre hermanos.	Mt. 5:23-24
Recibe nuestras oraciones cuando hay disensión entre hermanos.	Mt. 6:12, 14-15
Nos bendice en la Santa Cena cuando hay disensión entre hermanos.	1 Co. 11:29-30

Dios manda que haya reconciliación.

Primero con Él	Ef. 2:16 y Col. 1:20-21
Y luego con nuestros hermanos	Mt. 18:15-20 y Stg. 5:16

Debemos perdonar.

Mr. 11:25-26, Lc. 17:4, Ef. 4:32 y Col. 3:13

Nuestra actitud de reconciliación debe extenderse aún hacia nuestros enemigos.

Mt. 5:25-26, Ro. 12:18, He. 12:14 y Stg. 3:17-18

Nosotros (como individuos) y la iglesia (como comunidad) urgentemente necesitamos el ministerio de la reconciliación.

2 Co. 5:18

¡Reconcíliate primero con tu hermano!

La pureza interior

Texto bíblico: Mateo 5:27-30

Oísteis que fue dicho.

Jesús estuvo refiriéndose a la ley.	Ex. 20:14 y Dt. 5:18

Pero yo os digo.

Jesús nos ofreció una ley más alta y más noble que requiere más de nosotros.

El hombre del A.T. hacía bien en no cometer adulterio. El hombre del N.T. (en quien mora Cristo) puede guardar puro hasta su mirada.

La ley nueva, la ley de Cristo, no sólo prohibe:

El adulterio	Ro. 7:3, 1 Co. 6:9 y 2 P. 2:13-15
La fornicación	Hch. 15:29, 1 Co. 5:1-2, 6:18-19, 10:8, Ef. 5:3 y 1 Ts. 4:3
La poligamia	Mt. 19:4-5, 1 Ti. 3:2 y Tit. 1:6

También advierte contra:

La lujuria	Ro. 1:27, 2 Co. 12:21, Gá. 5:16, 2 Ti. 2:22 y Stg. 1:15
Los deseos impuros	Col. 3:5 y 1 Ts. 4:5
Los afectos viles	Ro. 1:26 y Gá. 5:24

Para el hombre del Antiguo Testamento, no cometer adulterio era un éxito. Para el hombre lleno de Cristo todas las cosas son posibles e incluso, el mantener santidad en su manera de mirar.

Esta norma, por supuesto, es también para las mujeres.	Tit. 2:5

¡Sácalo, y échalo de ti!

Lección 27

El matrimonio

Texto bíblico: Mateo 5:31-32

Os fue dicho

Jesús estuvo refiriéndose a la ley.	Dt. 24:1-4 y Mt. 19:7-8

Pero yo os digo

Jesús nos ofreció una ley más alta y más noble que demanda más de nosotros.

Al hombre del Antiguo Testamento, a causa de la *"dureza"* de su corazón, le fue permitido buscar el divorcio (aunque nunca fue la voluntad perfecta de Dios). Al hombre del N.T. se le ordena reconocer la importancia del matrimonio y respetarlo, como debe ser respetado en Dios.

El matrimonio:

Fue establecido por Dios.	Gn. 2:18
Es recomendado.	Pr. 18:22, 1 Ti. 3:12, 5:14 y He. 13:4
Es un asunto serio.	Gn. 2:24, Mr. 10:9, Ro. 7:2 y 1 Co. 7:10-11
Está prohibido entre creyentes e incrédulos.	2 Co. 6:14-15

Las obligaciones bíblicas:

Del esposo	Ec. 9:9, Ef. 5:25 y 1 P. 3:7
De la esposa	Est. 1:20, Ef. 5:22, 1 Ti. 3:11 y 1 P. 3:1

El divorcio no es la voluntad de Dios.

	Mt. 19:3-9, Lc. 16:18 y 1 Co. 7:27

¿Qué deben hacer entonces los siguientes individuos?

Un hombre que ha aceptado a Cristo, pero tiene dos esposas.

Un musulmán convertido, a quien le fue permitido por su ley tener cuatro esposas.

Un jefe de una tribu africana que tiene cincuenta esposas.

Las mujeres de Bolivia, donde hay muchas veces más mujeres que hombres.

Alguien que se divorció antes de recibir a Cristo.

Alguien que se divorció y se casó nuevamente antes de recibir a Cristo.

No existen reglas fijas en la Biblia que digan exactamente qué se hace en cada uno de estos casos difíciles.

Se debe juzgar cada uno independientemente:

Por hombres santos o mujeres de Dios.

Con mucha oración.

A la luz de las Escrituras.

Con gran compasión.

En los últimos días, Dios llama a algunos creyentes a quedarse solteros por causa de Cristo.   Mt. 19:10-12, 1 Co. 7:8 y 27

De cualquier modo, no es un mandamiento.   1 Ti. 4:3

¡Honroso sea en todos el matrimonio!

Lección 28

El hablar con diligencia

Texto bíblico: Mateo 5:33-37

Además habéis oído que fue dicho	
Jesús estuvo refiriéndose a la ley.	Lv. 19:12
Pero yo os digo	
Jesús nos ofreció una nueva ley que es más alta y más noble e igualmente más difícil de guardar: el hablar con diligencia.	
La lengua es poderosa para hacer tanto el bien, como el mal.	Stg. 3:2-13
La lengua puede usarse para:	
Mentir	Lv. 6:3, Zac. 5:4 y 1 Ti. 1:10
Maldecir	Ex. 21:17 y Pr. 20:20
Calumniar	Sal. 31:13, 50:20, 101:5 y Jer. 9:4
Murmurar	Ex. 16:7, Jn. 6:43 y 1 Co. 10:10
Blasfemar	Lv. 24:11-12, Hch. 13:45, 18:6, 1 Ti. 1:20, Stg. 2:7 y Ap. 16:11
Chismear	Lv. 19:16, Pr. 11:13, 18:8, 20:19 y 26:20
Jurar	Ex 20:7 y Lv. 19:12
Difamar	Sal. 15:3, Ro. 1:30 y 2 Co. 12:20
El chismoso aparta a los mejores amigos	Pr. 16:28

La lengua puede hablar palabras que son:

Vanas	Job 16:3 y 2 P. 2:18
Dolorosas	Pr. 15:1
Apresuradas	Pr. 29:20
Incitadoras	Col. 2:4
Fingidas	2 P. 2:3
Aduladoras	1 Ts. 2:5

La Biblia nos advierte contra tal uso del poder de la lengua. — Ef. 4:30-31, Tit. 3:2 y Stg. 4:11

Se debe controlar la lengua. — Sal. 34:13, Pr. 13:3, 21:23, Stg. 1:26 y 1 P. 3:10

Al contrario, la lengua debe ser usada para bendecir.

La lengua puede hablar:

Palabras rectas	Job. 6:25
Dichos suaves	Pr. 16:24
La palabra dicha como conviene	Pr. 25:11
Palabras *llenas de gracia*	Ec. 10:12
Palabras al cansado	Is. 50:4
Palabras que alaban	Sal. 63:3

El hablar de manera espiritual:

Para influir cada aspecto de la vida.	Dt. 6:7
Concerniente a las cosas de Dios.	Sal. 145:11

Es un hábito de los santos.	Mal. 3:16
Tiene a Cristo como su tema.	Lc. 24:13-14
Produce fervor religioso.	Lc. 24:32
Puede ser expresado en música.	Ef. 5:19

La boca del justo:

Habla sabiduría; habla justicia.	Sal. 37:30
Es manantial de vida.	Pr. 10:11
Glorifica a Dios.	Ro. 15:6
Tiene a la ley de la verdad en sus labios.	Mal. 2:6

Algún día, le daremos cuenta a Dios de cada palabra que hemos hablado.

Mt. 12:36, Col. 4:6 y 2 Ti. 1:13

A veces se requiere silencio.

En el Antiguo Testamento	Jos. 6:10, Pr. 17:27, Ec. 3:7, Am. 5:13 y Hab. 2:20
En el Nuevo Testamento (para un período especial solamente.)	Mt. 8:4, 9:30, 12:16, 16:20 y 17:9

Nuestras promesas (votos) al Señor son sagrados.

Nm. 30:2, Dt. 23:21 y Ec. 5:4

¡Sean gratos los dichos de mi boca y la meditación
de mi corazón delante de ti,
Oh Jehová, roca mía, y redentor mío!

Salmos 19:14

La venganza

Texto bíblico: Mateo 5:38-41

Oísteis lo que os fue dicho

Jesús estuvo refiriéndose a la ley. | Ex. 21:23-25, Lv. 24:17-21 y Dt. 19:21

La venganza no solamente era permitida en la epoca del A.T., era algo anticipada y aprobada por la ley.

Pero yo os digo

Jesús nos ofreció una nueva ley, más alta y más noble, imposible para el hombre del A.T.; el no resistir el maltrato, el no vengarse.

El hombre carnal tiene un espíritu contencioso. | Ro. 8:7

Este espíritu se manifiesta contra el justo

Jezabel contra Elías	1 R. 19:2
Sedequías contra Micaías	1 R. 22:27
Amán contra los judíos	Est. 3:6
Los filisteos contra Israel	Ez. 25:15
Herodías contra Juan el Bautista	Mt. 14:8
Los habitantes de Nazaret contra Jesús	Lc. 4:29
El concilio contra los apóstoles	Hch. 5:33
Los judíos contra Pablo	Hch. 23:1

La manera en la que el creyente reacciona frente al espíritu contencioso del mundo revela su profundidad, o falta de la misma, en Cristo.

La Palabra de Dios:

Prohibe la venganza	Ro. 12:17 y 1 P. 3:9
Prohibe las disputas	Fil. 2:3, 2 Ti. 2:14 y 24
Nos ordena evitar juicios entre hermanos	Mt. 5:25, 40 y 1 Co. 6:1

El ejemplo de Cristo — Mt. 26:47-56 y Lc. 22:50-51

Él nos ha enseñado a sufrir el mal con buen ánimo, ir una milla extra. — Mt. 5:41

Por lo tanto, como creyentes, debemos ser muy cautos en lo que respecta a los movimientos políticos sobre temas de derecho.

¡No resistáis al que es malo!

El deber de la benevolencia

Texto bíblico: Mateo 5:42

La benevolencia (el velar por el bien de otras personas) se manifiesta en las obras externas naturales que son productos de nuestra experiencia personal en Cristo como fue enseñado por:

Moisés	Dt. 15:12-14
Salomón	Pr. 25:21 y Ec. 11:1
Isaías	Is. 58:7
Cristo	Lc. 12:33
Pablo	Hch. 20:35

Aunque la benevolencia incluye mucho más que el dar y el prestar, en esta enseñanza, Jesús dio énfasis a estos temas.

Así como en todo lo relacionado con el dar, debemos hacerlo:

Conforme a nuestra capacidad.	Dt. 16:17
Sin vanagloria.	Mt. 6:3
Sin esperar nada a cambio.	Mt. 10:8
Con liberalidad.	Ro. 12:8
Con gozo.	2 Co. 9:7

En lo relacionado con el prestar, la Biblia nos manda:

Prestar generosamente.	Dt. 15:8, Sal. 37:26, 112:5 y Lc. 6:35
No cobrar interés.	Ex. 22:25, Lv. 25:36 y Pr. 28:8
No esperar un favor a cambio.	Hch. 20:35

Ejemplos bíblicos de benevolencia:

Booz	Rt. 2:15-16
Elías	2 R. 6:22

Job	Job 29:12-16
El buen samaritano	Lc. 10:34-35

Promesas para el benevolente

El alma generosa será engordada.	Pr. 11:25
El ojo misericordioso será bendito.	Pr. 22:9
Si dieres tu pan al hambriento … tu oscuridad será como el mediodía.	Is. 58:10
El que siembra generosamente, generosamente también segará.	2 Co. 9:6

Tres grupos son designados de manera particular en las Escrituras, como especialmente necesitados de nuestra benevolencia: viudas, huérfanos, forasteros, y extranjeros.	Ex. 22:21-22, Lv. 25:35, Dt. 26:12, 27:19, 31:12, Pr. 23:10, Is. 1:17 y Stg. 1:27
Jesús enseñó claramente nuestra responsabilidad hacia varios grupos: el hambriento, el sediento, el desnudo, el enfermo, y el encarcelado.	Mt. 25:31-46, He. 13:3 y Stg. 5:14
El Nuevo Testamento enfatiza el ministerio a los "débiles".	Hch. 20:35, Ro. 15:1, 1 Co. 12:23 y 1 Ts 5:14
Ayudar al pobre nunca está por encima de los ministerios espirituales de la iglesia.	Mt. 26:11
La primera iglesia dio tiempo, talento, y dinero al ministerio de benevolencia.	Hch. 2:44-45, 4:34-35, 6:1-3 y 11:27-30

La prioridad de nuestra responsabilidad en la obra de benevolencia es:

Primero, a nuestra propia casa.	1 Ti. 5:8
En segundo lugar, a la casa de Dios, con los siervos de Dios y hermanos creyentes.	1 Co. 16:1-2
Finalmente, en el mundo a nuestro alrededor.	

¡No se lo rehúses!

El amor al prójimo

Texto bíblico: Mateo 5:43-47	Lv. 19:17-18 y Dt. 7:1-2

Oísteis que fue dicho

Jesús estuvo refiriéndose a la ley.

Pero yo os digo

Jesús nos ofreció una nueva ley, más alta y más noble: amar a todo el mundo, incluso, a nuestros enemigos.

Dios es amor.	1 Jn. 4:8
Él nos amó.	Dt. 7:8, Jer. 31:3, Jn. 3:16, Ro. 5:8, Ef. 2:4-5 y 1 Jn. 3:1
Nosotros debemos amarlo también.	Dt. 6:5, 10:12, Sal. 31:23 y Mt. 22:37

El amor de Dios es revelado en Cristo. Su amor:

Es eterno.	Jn. 13:1
Es divino.	Jn. 15:9
Es altruista.	Jn. 15:13
Es inseparable.	Ro. 8:35
Nos constriñe.	2 Co. 5:14
Fue manifestado en su muerte.	1 Jn. 3:16

Dios prometió bendiciones a quienes le aman

El Consolador	Jn. 14:15-16
El amor del Padre y la manifestación del Hijo	Jn. 14:21 y 23
Gracia	Ef. 6:24
Gozo inefable y glorioso	1 P. 1:8

Es imposible amar a los demás sin amar primero a Dios.

Existe, sin embargo, un amor natural entre un hombre y una mujer, entre padres e hijos, y entre hermanos y hermanas. El amor de un cristiano verdadero debe ir más allá de todos estos.	Mt. 5:46-47
Nuestro amor debe tener como su modelo el amor de Cristo.	Jn. 15:12

Nuestro amor debe ser:

Imparcial	Stg. 2:1
Sin egoísmo	Mt. 22:39
Sincero	Ro. 12:9
Abundante	1 Ts. 3:12
Ferviente	1 P. 1:22

Ejemplos bíblicos del amor fraternal:

Jonatán y David	1 S. 18:3
Pablo y los ancianos de Éfeso	Hch. 20:38
Pablo y sus colaboradores	Ro. 16:4
Pablo y los creyentes de Corinto	2 Co. 12:15
Pablo y los creyentes filipenses	Fil. 1:8 y 4:1
El amor fraternal expresado, véase:	1 Jn. 4:7-21
Nuevamente, nuestro amor es la medida de nuestra experiencia en Cristo.	Jn. 13:35
Demostrando amor a nuestros enemigos, véase:	Ex. 23:4-5, Mt. 5:44, Ro. 12:20 y 1 Ts. 5:15
Sin amor nada somos.	1 Co. 13:1-3

¡Que seáis hijos de vuestro Padre!

La perfección, la medida divina

Texto bíblico: Mateo 5:48

Elementos de la perfección	
Bondad (benevolencia)	Mt. 19:21
Amor (caridad)	Col. 3:14
Buenas obras	Stg. 2:22
Control de la lengua	Stg. 3:2
Obediencia	1 Jn. 2:5
Dios es perfecto.	Dt. 32:4 y Sal. 18:30
Su perfección fue, y es, manifestada en, y mediante, Cristo.	Jn. 1:14, 19:4, He. 2:10 y 5:9
No hay ningún humano que sea enteramente perfecto, de la manera humana en que entendemos la perfección.	Job. 9:20, Ec. 7:20, Fil. 3:12 y Ap. 3:2
Hay ejemplos de imperfección en las vidas de los mejores hombres de la Biblia:	
Abraham	Gn. 20:2
Moisés y Aarón	Nm. 20:12
Salomón	1 R. 3:3 y 11:4
Jonás	Jon. 1:3 y 4:1
Santiago y Juan	Lc. 9:54-55
Bernabé y Pedro	Gá. 2:13-14
Pero Dios nos ordena esforzarnos hacia la perfección.	Gn. 17:1, 2 Co. 13:11, Ef. 4:13, Col. 1:28, He. 6:1 y Stg. 1:4
Parece que la perfección, en los ojos de Dios, es distinto a lo que nosotros llamamos perfección.	
Son los creyentes perfectos, justos, perdonados, y limpios mediante la sangre de Jesucristo.	1 Jn. 1:7-10

¡Prosigo a la meta, al premio del supremo llamamiento!

Lección 33

Los motivos puros

Texto bíblico: Mateo 6:1-4, Efesios 5:22, 6:7 y Colosenses 3:23

¡Mirad!	2 Jn. 8
No somos salvos por nuestras obras.	Gá. 2:16
Pero seremos premiados: *"cada uno según sea su obra"*.	Ap. 22:12
Grandes premios nos esperan.	Sal. 19:11, 58:11 y 1 Co. 9:17
Quienes tienen un motivo inapropiado para sus obras, ganarán un premio temporal, terrenal.	Mt. 6:2b
Pero perderán el premio celestial.	
Dar, como para el Señor.	2 Cr. 24:9
Es mejor si nadie sabe cuánto damos.	Mt. 6:3
Orar al Señor, no para el beneficio de los que están escuchando.	Mt. 6:5-6
Ayunar, como para el Señor.	Mt. 6:16
Es mejor si nadie sabe que está ayunando.	Mt. 6:18
No hacer nada con el motivo de conseguir algún recompensa aquí en la tierra.	1 Co. 10:31 y Col. 3:17
No desear las alabanzas de los hombres	Jn. 5:44
No desear plata ni oro de los hombres.	Hch. 20:33
A menudo, los premios terrenales llegan a ser una fuente de tentación, una trampa espiritual.	Dt. 16:19, 1 R. 13:7, Is. 1:23 y Dn 5:17
Hacer obras buenas, sin la motivación pura, llega a ser fariseísmo.	Mt. 23:4, 13, 23 y 27

¡Hacedlo todo para la gloria de Dios!

La oración

Texto bíblico: Mateo 6:5-15

(Véase "La oración", Lección 15 de la sección "Los fundamentos", página 43.)

Lección 35

El ayuno

Texto bíblico: Mateo 6:16-18 e Isaías 58:6-11

(Véase "El ayuno", Lección 34 de la sección "Los fundamentos", página 88, y "Orar y ayunar", Lección 15 de la sección "Oración", página 211.)

Las inversiones celestiales

Texto bíblico: Mateo 6:19-21

Las riquezas de este mundo:

Proceden de Dios.	Dt. 8:18, 1 Cr. 29:12, Ec. 5:19 y Os. 2:8
Son peligrosas.	
Nos hacen olvidar a Dios.	Dt. 8:13-14
Consumen nuestros corazones.	Sal. 62:10
Ponen nuestra integridad en peligro.	Pr. 28:20
Impiden nuestra entrada al cielo. ?	Mt. 19:23
Nos someten a fuertes tentaciónes.	1 Ti. 6:9
Son inútiles en tiempos de aflicción y pruebas.	Pr. 11:4, Ec. 6:2, Sof. 1:18 y Ap. 18:16-18
No duran.	Job 20:28, Pr. 23:5, 27:24 y Jer. 17:11
Son engañosas.	Hag. 1:6, Lc. 12:20-21, 1 Ti. 6:7, He. 11:26 y Ap. 3:17

La acumulación de riquezas terrenales es vana.　Job. 27:16-17, Sal. 39:6, Ec. 2:26 y Stg. 5:3

Las riquezas espirituales son:

Duraderas.	Pr. 8:18
De Dios.	Pr. 10:22
Una fuente de alegría.	Pr. 10:22
Descubiertas con la visión espiritual.	Ef. 1:18
Inescrutables.	Ef. 3:8

Más preciosas que cualquier tesoro terrenal.	He. 11:26
La herencia de los escogidos de Dios.	Stg. 2:5
El pobre de este mundo puede poseer riquezas espirituales.	Pr. 13:7
El Señor nos ordena invertir nuestra riqueza terrenal, tiempo, fuerza, y talentos en las riquezas celestiales.	Mt. 19:21, Lc. 12:33, 1 Ti. 6:19 y Ap. 3:18
Él nos promete que:	
Nuestros tesoros están seguros en el cielo.	Mt. 6:20
Nuestros tesoros son eternos.	Jn. 6:27 y 2 Co. 4:18

Si somos fieles en buscar los tesoros celestiales, no nos faltará nada aquí.

¡Porque donde esté vuestro tesoro,
allí estará también vuestro corazón!

La visión espiritual

Texto bíblico: Mateo 6:22-23

La visión física es un regalo de Dios. Pero puede ser causa de tentación (así como fue en el caso de):	
Eva	Gn. 3:6
Lot	Gn. 13:10-11
Acán	Jos. 7:21
Cristo	Mt. 4:8
La visión física puede causar a un hombre codiciar y llevarlo a la impureza.	2 S. 11:2-4, Job. 31:1, Mt. 5:28 y 1 Jn. 2:16
La visión puede ser sumamente peligrosa si se usa mal.	Sal. 119:37, Pr. 4:25, Is. 33:15 y Mt. 5:29

La visión domina la vida, para bien o para mal.

Mirar:	
Atrás, impide el progreso.	Gn. 19:26 y Lc. 9:62
Hacia Cristo, salva.	Nm. 21:9 y Jn. 3:14-15
A las dificultades, causa depresión.	Mt. 14:29-30
Hacia el cielo, glorifica.	Hch. 7:55

La visión espiritual:

Viene por la oración.	2 R. 6:17
Solamente tienen los creyentes.	Jn. 14:19
Viene a los de corazón puro.	Mt. 5:8
Proviene del Espíritu Santo.	Jn. 16:14-15
Obra por la fe.	He. 11:27

Espiritualmente es posible ser completamente ciego.	Is. 59:10, Mt. 15:14 y 1 Jn. 2:11
Hay oscuridad espiritual en la vida de muchos.	Mi. 3:6 y Jn. 3:19
Pero no en la vida del creyente.	1 Ts. 5:4
¿O sí?	Ro. 13:12
¡Dios ha prometido luz para sus escogidos!	Job. 22:28, Sal. 97:11, 112:4, Pr. 4:18, Is. 58:8, 60:20 y Jn. 8:12

¡Tu cuerpo entero debe llenarse de luz!

El servicio a un solo Señor

Texto bíblico: Mateo 6:24

El servicio es uno de los temas más extensos de la Biblia.

La vida de Cristo fue una vida de servicio.

El ejemplo que nos dejó.	Mt. 20:28, Lc. 22:27, Jn. 13:4-5 y Fil. 2:7

Para ganar el premio, debemos servir más que el promedio. Lc. 17:7-10

Debemos servir:

Según nuestra capacidad.	Mt. 25:22-23, Mr. 14:8, Lc. 12:48 y 1 P. 4:11
En colaboración con el Señor.	Mr. 16:20, 1 Co. 3:9 y 2 Co. 6:1
De buena gana.	Jue. 5:2, Neh. 11:2, Sal. 110:3 y 1 Ts. 2:8
Hasta que el trabajo se acaba.	Zac . 4:9, Jn. 4:34, 17:4, 19:30, Hch. 20:24 y 2 Ti. 4:7

El servicio:

Ennoblece la vida.	Mr. 10:43-44
Demuestra preocupación por los demás.	Lc. 10:36-37
Es imitar a Cristo.	Jn. 13:14
Demuestra amor.	Jn. 21:16
Hace más fácil la vida para los demás .	Gá. 6:2 y 10

Nuestro servicio debe ser llevado a cabo:

Con humildad.	Mt. 10:42, Jn. 12:3 y Hch. 20:18-19
Inmediatamente (prontamente).	Mr. 1:18, Lc. 4:39, 19:6, Hch. 9:20 y 16:10

Con gozo	Neh. 12:43, Sal. 40:8, Lc. 10:17 y Jn. 4:36
Como para el Señor	Jn. 12:26, 1 Co. 7:22, Ef. 6:6, Fil. 1:1 y Col. 3:24
Sin vacilar (titubear)	Jos. 18:3, 2 Cr. 20:33, 25:2, Jer. 3:10 y Os. 10:2
En obediencia total	1 S. 15:22, Hch. 5:29 y 26:19
Sin dudar	1 R. 19:20, Is. 6:8, Jn. 4:34 y Hch. 9:6
Servir es la prueba de nuestra experiencia.	Dt. 10:12, Mt. 7:21, 25:35-36 y Jn. 21:17
Dios nos da poder para servir.	Hch. 1:8
Dios condena:	
La indecisión.	1 R. 18:21 y Lc. 9:62
La tibieza.	1 R. 10:31 y 13:18,19
El doble ánimo.	1 R. 17:33, Sof. 1:4-5, 1 Co. 10:21, Stg. 1:8 y 4:8
Él nos pide servirle a Él solamente.	Ex. 20:3-5, Dt. 6:13, 1 S. 7:3, 2 Cr. 15:15 y Mt. 4:10
Es imposible ser neutral en las cosas de Dios.	Mt. 12:30
El primer, y más importante, mandamiento es amar a Dios *"con todo tu corazón".*	Mt. 22:37-38

¡No podéis servir a Dios y a las riquezas!

La confianza (la fe)

Texto bíblico: Mateo 6:25-32 y 34	Sal. 39:6 y Ec. 2:26
El preocuparse es una necedad natural del hombre.	Sal. 127:1-2, Lc. 12:29, 21:34, Fil. 4:6 y 1 P. 5:7

Dios prohibe a los creyentes preocuparse

¿Por qué?

Dios es nuestro Padre.	Is. 64:8 y Ro. 8:15
Él es un Dios proveedor.	Job. 38:41, Sal. 121:3 y Mt. 10:29
Él siempre ha provisto para su pueblo.	
Ejemplos bíblicos, véase:	Dt. 2:7, 1 R. 17:6, 19:6, 2 R. 4:6 y 7:8
Él siempre ha cuidado a su pueblo.	Sal. 115:12 y Lc. 12:7
Al creyente, Dios le ha prometido lo suficiente.	Lv. 26:5, Dt. 30:9, Sal. 132:15, Is. 30:23 y Fil. 4:19
Tomando en cuenta todas estas cosas, preocuparse es dudar, una falta de fe, la incredulidad. Y éstos pecados son reprendidos por el Señor.	Mt. 17:17 y Mr. 4:40
La naturaleza también nos da una lección de fe, véase:	Sal. 8:3-4, Mt. 6:28 y 13:31-32
Preocuparse es pecado.	Ro. 14:23

¡Considerad!

Lección 40

El reino de Dios es lo primero

Texto bíblico: Mateo 6:33

Dios es dueño de este mundo.	Ex. 19:5, Lv. 25:23, 1 Cr. 29:14, Sal. 24:1, Sal. 50:10 y Hag. 2:8
Dios es dueño de las almas de los hombres.	Dt. 32:6, Ez. 18:4 y Ro. 14:8

Dios está listo para darnos la oportunidad de vivir y compartir sus grandes riquezas cuando reconocemos su señorío.

Una forma de hacer ésto es darle siempre las primicias.

De Israel Dios demandó las primicias de:

Las cosechas.	Ex. 22:29, Lv. 2:12, Nm. 18:12 y Dt. 18:4, etc.
Todo primogénito de sus animales.	Ex. 13:2, 34:19 y Nm. 3:13, etc.

Dios no sigue esperando nuestras primicias. Él no solamente espera las primicias; también espera lo mejor de nuestro tiempo, nuestra fuerza, nuestros talentos, etc.

Debemos buscar primero a Cristo y su reino.	Dt. 4:29, Sal. 105:4, Os. 10:12 y Hch. 17:27
Dios ha prometido suplir las necesidades de cada persona, quien le busque primero, antes de todo lo del mundo, y les da a ellos los primeros frutos de todo lo que tiene.	Mal. 3:10-12

¡Todas estas cosas os serán añadidas!

La misericordia

Texto bíblico: Mateo 7:1-5 y Romanos 2:1

La Biblia nos prohibe juzgar a nuestros hermanos. — Ro. 14:3, 1 Co. 4:5 y Stg. 4:12

La falta de misericordia hacia nuestros hermanos siempre será juzgada por Dios. — Is. 29:20-21

Debemos, por lo tanto, mostrar misericordia. — Pr. 17:9, Ro. 15:1, Gá. 6:1 y 1 P. 4:8

La persona que juzga a los demás es un hipócrita. — Lc. 13:15, Jn. 12:4-6 y Ro. 16:17-18

En cambio debemos juzgarnos a nosotros mismos. — Lm. 3:40, 1 Co. 11:28 y 2 Co. 13:5

El justificarse es una necedad. — Pr. 12:15, 20:6, 30:12, Jer. 2:35 y 2 Co. 10:12

    Ejemplos bíblicos:

        Job — Job. 32:1 y 33:9

        Algunos judíos — Mt. 23:30 y Ro. 10:3

        Un intérprete de la ley — Lc. 10:29

        Los fariseos — Lc. 16:15

El hecho, de que no debemos juzgar a nuestros hermanos, no anula las siguientes enseñanzas:

Que una persona es conocida por sus frutos. — Lc. 6:43-45

Que debemos separarnos de quienes hacen el mal. — 2 Ts. 3:6

Que debe haber orden y obediencia en el cuerpo de Cristo. — 2 Co. 10:5-6

Que, a veces, la disciplina correctiva es necesaria. — 1 Co. 5:3-5

¡No juzguéis, para que no seáis juzgados!

Lección 42

El ser mayordomos de la verdad

Texto bíblico: Mateo 7:6

Los términos *"perros"* y *"cerdos"*, en la Biblia, refieren a los que odian (desprecian) la Palabra de Dios, a Dios mismo, o a su pueblo, y a su Iglesia.

Mt. 7:6, Mt. 15:26, Fil. 3:2 y Ap. 22:15

El cerdo ha sido impuro para el pueblo judío desde el tiempo de Moisés.

Lv. 11:7, Is. 65:4 y Lc. 15:15

"Lo santo" y ***"vuestras perlas"*** **se refieren a las verdades de Dios, los milagros, las experiencias espirituales, etc.**

Pr. 1:30, 9:8, Hch. 13:41, 2 Ti. 3:3 y 2 P. 2:10

Como buenos mayordomos de las riquezas de Dios, debemos guardar bien los tesoros que nos confió, conduciéndonos bien ante los enemigos del Evangelio y, mediante la sabiduría de Dios, previniendo el daño que quieren hacer a su reino.

¡No deis lo santo a los perros!

La bondad de Dios

Texto bíblico: Mateo 7:7-11

(Véase "El amor al prójimo", Lección 31 de la sección "La vida y las enseñanzas de Cristo", página 163; "La confianza (la fe)", Lección 39, página 175; y "Nuestro Padre que está en los cielos", Lección 2 de la sección "La oración", página 191.)

Lección 44

La regla de oro

Texto bíblico: Mateo 7:12

La regla de oro representa lo que nuestro Dios considera ser *"la religión pura"*.

¿Qué pide Jehová tu Dios de ti?	Dt. 10:12
El amor cubrirá todas las faltas.	Pr. 16:24
El todo del hombre.	Ec. 12:13
Porque misericordia quiero.	Os. 6:6
Oh hombre, él te ha declarado lo que es bueno.	Mi. 6:8
No hay otro mandamiento mayor.	Mr. 12:31
El cumplimiento de la ley es el amor.	Ro. 13:10
Debemos soportar las flaquezas de los débiles.	Ro. 15:1
Cada uno de nosotros agrade a su prójimo.	Ro. 15:2
El amor es sufrido.	1 Co. 13:4
El mayor de ellos es el amor.	1 Co. 13:13
Servíos por amor los unos a los otros.	Gá. 5:13
Amarás a tu prójimo como a ti mismo.	Gá. 5:14
Que vuestro amor abunde aun más y más.	Fil. 1:9
Habéis aprendido de Dios que os améis unos a otros.	1 Ts. 4:9
La religión pura y sin mácula delante de Dios el Padre es esta.	Stg. 1:27
Amarás a tu prójimo como a ti mismo.	Stg. 2:8
Tened entre vosotros ferviente amor.	1 P. 4:8
El que ama a su hermano, permanece en la luz.	1 Jn. 2:10
El que ama a Dios, ame también a su hermano.	1 Jn. 4:21

¡Esto es la ley y los profetas!

La puerta estrecha

Texto bíblico: Mateo 7:13-14

La puerta ancha, véase:	Pr. 2:15, 12:15, 13:15, 14:12 e Is. 59:8
La puerta estrecha, véase:	Is. 26:7, 35:8, Jer. 42:3 y Lc. 1:79
Los que atraviesan la puerta ancha (la mayoría), véase:	Jer. 7:24, Ef. 2:2, Fil. 3:18, 1 P. 4:3, 2 P. 2:10, 3:3 y Jud. 18
Los que entran por la puerta estrecha (los pocos), véase:	Mt. 22:14, Lc. 13:24, 1 P. 3:20 y Ap. 3:4
A dónde lleva el camino ancho, véase:	Sal. 37:38, Ro. 6:21, 2 Co. 11:15, Fil. 3:19, He. 6:8, 1 P. 4:17 y Ap. 21:8
A dónde lleva el camino estrecho, véase:	Dn. 12:2, Mt. 25:46, Ro. 2:7 y 1 Ti. 6:19
Esforzarse (un esfuerzo fuerte, constante) es necesario para atravesar la puerta estrecha.	1 Co. 9:25, Fil. 1:27, Col. 1:29 y He. 12:4

¡Pocos son los que la hallan!

Lección 46

El fruto: La prueba de ser profeta

Texto bíblico: Mateo 7:15-20

Hay falsos:

    Profetas — Dt. 13:5, 18:22, Is. 9:15 y Mt. 24:11

    Maestros — Mt. 15:9, 1 Ti. 1:7, 6:3-5 y 2 Ti. 4:3, etc.

    Hermanos — 2 Co. 11:26 y Gá. 2:4

Ellos:

    Tienen corazones malos. — Hch. 8:20-21

    Se cubren con una capa de malicia. — 1 P. 2:16

    Son lobos vestidos de oveja. — Mt. 10:16 y Hch. 20:29

    Son conocidos por sus frutos. — Mt. 3:8, Jn. 15:8 y Fil. 4:17

Los frutos espirituales, véase: — Sal. 92:13-14, Mt. 13:8, Gá. 5:22-23, Ef. 5:9 y Stg 3:17

Los frutos de la carne, véase: — Dt. 32:32, Is. 5:7, Os. 10:1 y Gá. 5:19-21

El creyente debe ser un buen "inspector" de frutos.

El inspeccionar, o reconocer, frutos no es juzgar.

¡Por sus frutos los conoceréis!

La obediencia, el fundamento

Texto bíblico: Mateo 7:21-23

La obediencia:

Es la clave de la vida cristiana.

Revela:

Nuestra fe o falta de fe (si creemos, obedecemos).

Todos los hombres y mujeres nombrados en Hebreos 11 fueron obedientes.

Nuestro amor, o falta de él (si amamos, obedecemos).	Jn 14:23
Se requiere que sea de todo corazón.	Dt. 26:16
Es el secreto del éxito y la prosperidad.	Jos. 1:8
Es mejor que el sacrificio.	1 S. 15:22
Se requiere para la entrada al Reino de Dios.	Mt. 7:21
Es nuestro deber cristiano.	Hch. 5:29
Será la prueba final.	Mt. 25:31-46
No basta ser oyente. Debemos ser _"hacedores de la Palabra"_.	Mt. 12:50, Lc. 6:47, Jn. 13:17, Stg. 1:22 y 1 Jn. 2:17
Hacer buenas obras no es suficiente, a menos que las hacemos en obediencia a la Palabra de Dios.	Ef. 2:8-10

La desobediencia:

Separa el hombre de Dios.	Ex. 33:3, Jos. 7:11-12, Sal. 66:18, Is. 59:2 y Os. 5:6
Puede causar que uno sea rechazado.	Mt 25:30, Jn 15:6 y 1 Co. 9:27
La obediencia de los discípulos, véase:	Mt. 4:20, 9:9, 21:6 y 26:19

¡El que hace la voluntad de mi Padre!

Lección 48

La conclusión al estudio de las enseñanzas de Cristo

Texto bíblico: Mateo 7:24-29

Habiendo estudiado las enseñanzas básicas de Cristo, llegamos a las siguientes conclusiones; que las enseñanzas de Cristo:

Son totalmente espirituales.

Nunca pueden ser entendidas por la mente carnal.

No son, sin embargo, difíciles para entender.

Pueden ser entendidas fácilmente, aun por un niño espiritual.

Cambian nuestras vidas.

Cambian nuestras actitudes.

Nos muestran los errores de nuestros caminos.

Nos dan una base doctrinal sólida.

Nos muestran la vanidad del mundo.

Nos desafían a una vida mejor aquí en la tierra.

Nos prometen la vida eterna en el futuro.

¡No cayó, porque estaba fundada sobre la roca!

La oración

Índice

El propósito de estudiar "La oración"

Si podemos aprender a orar de manera apropiada, todo es posible. La oración que tiene éxito, sin embargo, no es una técnica, sino una actitud. Cada frase de la oración que conocemos como "el Padre nuestro", nos enseña una actitud esencial para la oración exitoso. En este estudio buscamos desarrollar esas actitudes de manera que podamos reclamar las promesas de Dios.

¡Pedid todo lo que queréis, y os será hecho!

Introducción a la oración

Texto bíblico: Mateo 6:5-13 y Lucas 11:1

Significado: Hablar con Dios.

Verdad central: ¡No todos los cristianos saben orar bien! ¡La oración que edifica debe ser aprendida!

La oración es el único método por medio de la cual podemos ponernos en contacto con la fuente de todas las cosas.

Para hablar con Dios efectivamente, debemos primero reconocer su presencia. Luego, debemos entrar en su presencia.

Él está en todas partes, aún cuando no sintamos su presencia. | Sal. 139:7-10

Él no entra y sale.

Él manifiesta su presencia en momentos y lugares escogidos.

No obstante, Él está en todas partes.

Cuando reconocemos su presencia, es más fácil hablar con Él, lo que se conoce como oración.

La introducción de nuestro Señor a la oración.

Mt. 6:5 Nuestras oraciones nunca deben ser realizadas con el propósito de ser oídas por quienes están alrededor nuestro, y deben ser dichas con palabras simples, de uso regular. (Sin embargo, emplear palabras bíblicas está bien.)

La oración que solamente llama la atención hacia la persona quien está orando no es verdadera oración.

Mt. 6:6 No se refiere a un *aposento* en sentido literal. Una minoría de personas en el mundo tienen un cuarto lo suficiente grande para entrar en él, y orar.

Podemos encerrarnos dentro de nosotros mismos, a solas con Dios, dondequiera que estemos, enfocando toda nuestra atención en Él.

Mt. 6:7   Cada palabra y cada frase usada en la oración deben provenir del corazón.

Las oraciones memorizadas, y las frases usadas repetidamente, sin sinceridad, son vanas.

Mt. 6:8   No debemos presentar simplemente una lista de peticiones a Dios, sino hablar sinceramente con el Señor.

Mt. 6:9-13   El Padre nuestro no es una oración que debe ser memorizada y repetida. Mas bien, es un ejemplo de la oración que nos enseña actitudes esenciales para la oración edificante.

¡No seas como los hipócritas!

Padre nuestro que estás en los cielos

Texto bíblico: Mateo 6:9

Verdad central: ¡Nuestro Padre amoroso está listo para bendecirnos!

Debemos orar al Padre en el nombre de Jesucristo.	Jn. 15:16
Somos hijos de Dios.	Jn. 1:12, Gá. 4:4-7, 1 Jn. 3:2 y Ro. 8:14-16
Él es nuestro Padre.	Ro. 8:15 y 2 Co. 6:17-18
Como sus hijos, tenemos ciertos privilegios.	Ro. 8:17 y Lc. 11:11-13
El Padre siempre provee todo lo que sus hijos necesitan, sin que ellos tengan que pedirlo siempre.	Lc. 12:32
Pero el hijo debe agradar a su Padre.	1 Jn. 3:22 y Jn. 15:7
Cuando agrada a su Padre, Él nunca le niega cualquier cosa necesaria que pida.	Jn. 15:7
Cuando un hijo pide equivocadamente, el Padre, en misericordia, niega la petición.	Stg. 4:3
Los hijos deben estar siempre listos a recibir el castigo de su Padre.	He. 12:6-8

¡Abba, Padre!

Lección 3

Santificado sea tu nombre

Texto bíblico: Mateo 6:9 y Salmo 100:4

Verdad central: ¡El primer elemento de toda oración debe ser la alabanza!

¿Por qué alabar a Dios?

La alabanza es buena.	Sal. 33:1, 50:23 y 147:1
La alabanza bendice a Dios.	Sal. 103:1-2
Alabar y bendecir son intercambiables en las Escrituras. Formas de la palabra "bendecir", usadas para alabar a Dios, se hallan treinta y ocho veces en los Salmos.	
El libro de Salmos está lleno de alabanzas.	Sal. 119:164
Los discípulos también alabaron a Dios.	Lc. 19:37
La alabanza es ordenada por Dios.	Sal. 22:23, 150:6 y 1 Ts. 5:16-18

¿Quiénes alaban a Dios?

Los cielos le alaban.	Sal. 89:5
Sus obras le alaban.	Sal. 145:10
Los ángeles le alaban.	Sal. 148:2
El sol, la luna, y las estrellas le alaban.	Sal. 148:3
Incluso los *"monstruos marinos"* le alaban.	Sal. 148:7
Pero el deseo de Dios es que los hombres le alaben.	Sal. 107:8, 15, 21 y 31
Si los hombres dejaran de alabar a Dios, las piedras clamarían.	Lc. 19:39-40

Podemos alabar a Dios con:

Labios y lengua (verbalmente)	Sal. 63:3 y 35:28

Aplaudiendo	Sal. 47:1
Levantando las manos	Sal. 63:4, 134:2 y 1 Ti. 2:8
Cantando	Jue. 5:3 y Sal. 68:4
Con instrumentos musicales	Sal. 150:3-5
Danzando	Sal. 150:4 y Sal. 149:3

No es posible alabar a Dios demasiado.

Conforme a su justicia	Sal. 7:17
Me haré más vil	2 S. 6:21-22

Los muertos espirituales no le alaban.   Sal. 115:17

¡Te alabaré entre los pueblos, oh Señor;
Cantaré de ti entre las naciones!

Lección 4

Venga tu reino

Texto bíblico: Mateo 6:10

Verdad central: ¡Debemos orar sin egoísmo!

Debemos orar:

Por Israel.	Sal. 122:6
Por nuestros enemigos.	Mt. 5:44
Para más *obreros* a la cosecha.	Mt. 9:38
Para usar los dones del Espíritu en la edificación de la Iglesia.	1 Co. 14:13
Los *unos por los otros.*	Stg. 5:16
Por todos los hombres.	**1 Timoteo 2:1-3**
Por los reyes y por todos los que están en eminencia.	versículo 2
Por la paz.	versículo 2
Por todos los santos.	Ef. 6:18
Que venga el reino.	Mt. 6:10

¿Qué es el reino? Lc. 17:20-21, Ro. 14:17 y Col. 1:13

El reino es el pueblo de Dios, así que:

Debemos estar interesados en ganar otras personas.

Debemos tener una visión para el mundo de los perdidos.

Cuando oramos sin egoísmo, entonces, Dios se interesa en nosotros, y en nuestras necesidades. Lc. 12:22-31

¡Su Padre sabe de qué cosas tienen necesidad!

Hágase tu voluntad

Texto bíblico: Mateo 6:10 y 1 Juan 5:14

Verdad central: ¡Debemos vivir y orar dentro de la voluntad de Dios!

Es imposible recibir la respuesta a nuestra oración cuando nosotros:	
Pedimos algo contrario a la voluntad de Dios.	Stg. 4:2-3
No estamos seguros de la voluntad de Dios.	Lc. 5:12-13
Vivimos fuera de la voluntad de Dios.	1 S. 28:5-6 y Pr. 1:25-26
Jesús cuidadosamente hizo la voluntad de su Padre.	Jn. 4:34 y 5:30
Los discípulos hicieron lo mismo.	1 Co. 4:19 y Stg. 4:15
David agradó a Dios porque era cuidadoso en hacer la voluntad del Padre.	Hch. 13:22, Sal. 40:8 y 143:10
Es posible conocer la voluntad de Dios.	Ef. 1:9, 5:17 y Hch. 22:14
Entonces, nuestra voluntad debe estar sometida a la suya.	Mt. 26:39, Stg. 4:7 y Ro. 6:13
Él hace lo que le pedimos cuando sometemos nuestra voluntad a la suya.	Jn. 15:7 y Sal. 37:4
Quienes desobedecen la voluntad de Dios están en peligro de perder su salvación.	Mt. 7:21, 12:50, Lc. 12:47 y 1 Jn. 2:17
Es siempre la voluntad de Dios:	
Salvar a los pecadores.	Mt. 18:14 y Jn. 6:39-40
Sanar a los enfermos.	1 Jn. 3:8, Mt. 8:16, 4:24, 12:15, 14:14 y Hch. 5:16
En el cielo hay estricta obediencia a la voluntad de Dios.	Ap. 12:7-9
Debería ser lo mismo en la tierra.	

¡No sea hecha mi voluntad sino la tuya!

Lección 6

El pan nuestro de cada día, dánoslo hoy

Texto bíblico: Mateo 6:11

Verdad central: ¡Dios quiere que dependamos de Él cada día para nuestro pan espiritual y material! ¡El plan perfecto de Dios es proveer a sus hijos día a día! ¡Le agrada que dependamos de Él! ¡La dependencia es fe, y la fe agrada a Dios!

Ejemplos bíblicos de dependencia física o material:

Moisés y el maná del cielo	Ex. 16:14-18
Elías con los cuervos que lo alimentaron dos veces al día	1 R. 17:2-6
Elías y la viuda con la tinaja de harina y la vasija de aceite	1 R. 17:8-16
Pedro y el pez con la moneda en su boca	Mt. 17:24-27
Los cinco mil y su alimentación	Mt. 14:15-21
Los cuatro mil y su alimentación	Mt. 15:32-38

Dios generalmente da lo suficiente, con precisión, sin dar más de lo que necesitamos.

Fil. 4:19

Ejemplos bíblicos de provisión espiritual:

De mañana sácianos de tu misericordia	Sal. 90:14
Buscad siempre su rostro	Sal. 105:4
¡Pedid! ¡Buscad! ¡Llamad!	Mt. 7:7
Orad sin cesar	1 Ts. 5:17

En lo espiritual, como en lo físico o material, nos da lo que es suficiente para la necesidad presente.

Por eso:

Daniel oró tres veces al día, y estuvo listo para ir al foso de los leones en lugar de dejar su oración.	Dn. 6:10

David buscó al Señor *"de madrugada,"* cada día.	Sal. 63:1
Los apóstoles se hallaban orando con gran fervor en Hechos 4, aún cuando ellos habían sido llenos del Espíritu Santo en el capítulo 2.	
Somos instruidos a no abandonar la costumbre de congregarnos regularmente para recibir alimento espiritual.	He. 10:25

¡El que sacia de bien tu boca!

Lección 7

Perdónanos nuestras ofensas

Texto bíblico: Mateo 6:12

Verdad central: ¡Debemos orar, teniendo un espíritu de perdón para con otros!

Hay una relación fuerte entre nuestra disposición para perdonar a los demás, y la disposición de Dios para perdonarnos.	**Mateo 18:21-35**
¿Hasta siete?	versículo 21
Aun hasta setenta veces siete.	versículo 22
Uno que le debía diez mil talentos. A éste, como no pudo pagar, ordenó su señor venderle.	versículos 24-25
Aquel siervo, postrado, le suplicó, diciendo: Señor, ten paciencia conmigo, y yo te lo pagaré todo.	versículo 26
*El señor de aquel siervo, movido a misericordia, le soltó y le **perdonó** la deuda.*	versículo 27
Saliendo aquel siervo, halló a uno de sus consiervos, que le debía cien denarios; y asiendo de él, le ahogaba.	versículo 28
Su consiervo, postrándose a sus pies, le rogó diciendo: Ten paciencia conmigo, y yo te lo pagaré todo.	versículo 29
Él no quiso, sino fue y le echó en la cárcel.	versículo 30
*Siervo malvado, toda aquella deuda te **perdoné**.*	versículo 32
Su señor, enojado, lo entregó a los verdugos.	versículo 34
*Así también mi Padre celestial hará con vosotros si no **perdonáis** de todo corazón cada uno a su hermano sus ofensas.*	versículo 35
	Mateo 6:14-15
Si perdonas a los hombres,...	versículo 14
tu Padre celestial te perdonará también.	versículo 14
Pero si no perdonas a los hombres,...	versículo 15
tampoco el Padre celestial perdonará tus faltas.	versículo 15

*Y cuando estéis orando, **perdonad,**...*	**Marcos 11:25-26** versículo 25
*para que también vuestro Padre que está en los cielos os **perdone***	versículo 25
*Porque si vosotros no **perdonáis,**...*	versículo 26
*tampoco vuestro Padre ... os **perdonará** vuestras ofensas.*	versículo 26
***Perdonándoos** unos a otros,...*	**Efesios 4:32**
*como Dios también os **perdonó** a vosotros.*	
***Perdonándoos** unos a otros,...*	**Colosenses 3:13**
*así como Cristo os **perdonó**, así también hacedlo vosotros.*	
***Perdonándoos** unos a otros,...*	
*de la manera que Cristo os **perdonó**, así también hacedlo vosotros.*	
Las fricciones en nuestras relaciones matrimoniales pueden impedir nuestras oraciones.	1 P. 3:7

¡Perdonad!

Lección 8

No nos metas en tentación

Texto bíblico: Mateo 6:13

Verdad central: ¡Las pruebas son necesarias para crecer y progresar en la vida cristiana!

Sin:

La batalla, no puede haber victoria.

Las pruebas, no hay superación.

La tentación, no hay crecimiento.

Las pruebas, las tentaciones, las tribulaciones, las aflicciones y las persecuciones nos ayudan a crecer en Cristo.

Considere la necesidad de exámenes o pruebas en las cosas materiales.

La educación, los negocios, la profesión, etc.

Funciona igual en el Espíritu.

Las pruebas, en la forma de exámenes, dan la oportunidad para avanzar en lo material, así también en lo espiritual.

Las pruebas que Jesús enfrentó

Jesús tuvo que soportar tentaciones en el desierto antes de poder empezar su ministerio terrenal. — Lc. 4:1-13

Cuando las hubo superado, *"Jesús volvió en el poder del Espíritu."* — Lc. 4:14

Pero su prueba continuó. — He. 4:15

Todos los nuevos creyentes son probados. — Lc. 8:13

Los cristianos maduros son probados también.

Tendréis aflicción — Jn. 16:33

Es necesario que a través de muchas tribulaciones entremos en el reino de Dios.	Hch. 14:22
No os sorprendáis.	1 P. 4:12
Os predecíamos que íbamos a pasar tribulaciones.	1 Ts. 3:4

Debemos regocijarnos en tiempos de prueba.

Nos gloriamos en las tribulaciones.	Ro. 5:3
Sufridos en la tribulación.	Ro. 12:12
Sobreabundo de gozo en todas nuestras tribulaciones.	2 Co. 7:4
Tened por sumo gozo.	Stg. 1:2
Bienaventurado el varón que soporta la tentación.	Stg. 1:12
Mucho más preciosa que el oro.	1 P. 1:7

En cada aflicción o prueba el Señor nos muestra una manera de salir.

	1 Co. 10:13

El Señor nos puede probar:

Demandando un gran sacrificio	(Abraham)	Gn. 22:1-2
Con dificultades	(Moisés)	Dt. 8:2
Con decisiones importantes	(Salomón)	1 R. 3:5
Proponiéndonos trabajos difíciles	(Felipe)	Jn. 6:5-6
Permitiendo que suframos por Él	(Pablo y Silas)	Hch. 16:23-24
Permitiendo tentaciones reales	(cada creyente)	Stg. 1:2-3

Considere la prueba de:

Job	Job 23:10
Pablo	2 Co. 4:17

Otros grandes hombres de Dios	He. 11:36-37
Los santos que han triunfado	Ap. 7:14

La oración, entonces, tiene como una de sus finalidades que Dios nos ayude a estar bien preparados para toda situación.

Podríamos decir, "No nos dejes caer ciegamente en tentación. El mal estará siempre presente. Líbranos de él".

¡Aunque Él me mate, yo todavía confío en Él!

Porque tuyo es el reino, el poder y la gloria

Texto bíblico: Mateo 6:13

Verdad central: ¡Debemos orar en fe, alabando a Dios en anticipación a su respuesta!

Habiendo:

Acercado a nuestro Padre celestial…

Entrado por su puerta con alabanza y acción de gracias…

Orado desinteresadamente, buscando primero su reino…

Vivido y orado según la voluntad de Dios…

Dependido de Él para nuestras necesidades físicas y espirituales…

Buscado su ayuda en preparación para las batallas, pruebas, persecuciones, tribulaciones, y tentaciones, (que seguramente vendrán cuando las hayamos aceptado como nuestra oportunidad para probar nuestro amor hacia Él);

Entonces, podemos considerar nuestras peticiones contestadas y alabarle en fe.

Dios nos ha dado muchas promesas grandes.	Sal. 2:8, Mt. 7:7 y Jn. 14:13
Pero, para ver que se cumplan, requiere fe.	Mt. 21:22 y Mr. 11:24
Cuando pedimos en fe, Él nos da más de lo que pedimos.	Ef. 3:20
Alabar a Dios antes de recibir la respuesta, demuestra fe.	1 Ts. 5:1
Ejemplos bíblicos de dar acción de gracias antes de la victoria:	Jn. 11:41, Jos. 6:2, 16, 20, Esd. 3:11-13 y 1 Co. 15:57

¡Os ha entregado la ciudad!

204

Lección 10

Amén

Texto bíblico: Mateo 6:13

Verdad central: ¡Amén es una palabra poderosa!

"Amén"

Proviene del hebreo. Significa "verdadero, fiel, y seguro".

Fue usado como una afirmación; parecida a las frases actuales: ¿Cuántos están a favor? o ¿cuántos están de acuerdo?

De acuerdo en castigar

De acuerdo en un nombramiento

De acuerdo con la verdad

De acuerdo con la alabanza a Dios

Nm. 5:22 y Dt. 27:15

1 R. 1:36

Jer. 28:6-7, Ap. 1:18 y 22:20

1 Cr. 16:36, Sal. 41:13, 72:19, 89:52, 106:48, Ap. 5:13-14 y 19:4

Podemos ver, en estos versículos, que *"amén"* ha llegado a ser una palabra usada en alabanza, o una alabanza por sí misma, tan válida como "aleluya" o cualquier otra palabra de alabanza.

A Jesús, en Apocalipsis, se le llama *"el Amén"* (*"el testigo fiel y verdadero"*).

Ap. 3:14

Se dice que la Palabra de Dios es *"Amén"* (verdadera, o segura).

2 Co. 1:20

Cuando se usa durante la oración, *"Amén"* significa "así sea" o "así debe ser".

***"Amén"* es tanto una afirmación de fe en las oraciones que personalmente hacemos, como también una manera de expresar nuestro acuerdo con las oraciones de los demás.**

Mt. 18:19 y 1 Co. 14:16

Así que, *"Amén"* se debe usar, no solamente como un final para nuestras oraciones, sino en nuestra alabanza y como una respuesta a las predicaciones, testimonios, etc.

Jesús, entonces, nos enseñó a terminar nuestras oraciones con una fuerte afirmación de fe.

¡Amén!

Orar en el Espíritu

Texto bíblico: 1 Corintios 14:14-15

Verdad central: ¡Orar en el Espíritu es la llave que abre muchos tesoros para el creyente!

Los beneficios de orar en el Espíritu.

Es hablar "misterios" directamente con Dios.   1 Co. 14:21

Es edificarnos a nosotros mismos.   1 Co. 14:4 y Jud. 20

Es superar nuestras limitaciones mentales.   Ro. 8:26

Pablo oró en el Espíritu y lo recomendó.   1 Co. 14:5a y 17-18

No se debe confundir la oración en el Espíritu con el don de lenguas y su interpretación.   1 Co. 12:10, 28, 30 y 14:13-28

No se debe prohibir la oración en el Espíritu.   1 Co. 14:39

(Véase también "El hablar en lenguas", Lección 18 en la sección de "Los fundamentos", página 50.)

¡Edifíquense a sí mismo!

Lección 12

Orar con los que desean entregarse a Cristo

Texto bíblico: Hechos 16:27-34

Verdad central: ¡No todas las personas son iguales! ¡Trate a cada uno como individuo!

Antes de orar

Entienda la condición de la persona con quien ora.

¿Es la primera vez que viene al Señor? O ¿se alejó en cierto momento?

¿Entiende, o no, lo que es la salvación?

¿Cuál es su nivel de comprensión espiritual?

¿Cuáles son sus dudas o problemas?

Hay dos maneras en que se puede contestar estas preguntas:

Hablando con la persona.

Mejor todavía, sintiéndolo en el Espíritu, o recibiendo una palabra de ciencia.

Durante la oración

La persona con quien ora, debe invocar a Dios.	Jl. 2:32 y Ro. 10:13
Se puede empezar, si es necesario, repitiendo una oración, pero debe continuar orando espontáneamente.	
Ore hasta que se sienta satisfechos en el Espíritu.	Ro. 8:16
Es mejor, siempre que se pueda, que reciba el bautismo en el Espíritu Santo inmediatamente, para ser más fuerte.	Hch. 8:16-17, 10:44 y 19:16

Después de la oración

Es su responsabilidad enseñarle todo lo que usted pueda.	Mt. 28:19-20

Enséñele que debe testificar, leer la Biblia, orar, asistir a la iglesia, etc.

Hágale entender, posiblemente con la ayuda de otro testimonio, lo que Dios ha hecho en él, o ella.

¡Serás salvo!

Lección 13

Orar por los enfermos

Texto bíblico: Marcos 16:18 y 1 Corintios 12:9

Verdad central: ¡La sanidad es una de las señales que debe seguir *a los que creen!*

Debido a que los dones de sanidad son tan diversos, es difícil ponerles reglas.

Es necesario inspirar fe en la persona enferma.

Esto puede ser logrado mediante testimonios, experiencias personales, o mediante la lectura de la Biblia y el compartir la Palabra de Dios.	Mt. 8:2-3

Es esencial que la persona entienda que:

La enfermedad proviene de Satanás, y no puede ser de Dios.	Hch. 10:38
Es la voluntad de Dios sanar a todo persona.	1 Jn. 3:8, Mt. 8:16 y 12:15
Cristo no ha cambiado.	He. 13:8

Hay que ser guiado por el Espíritu en el método que debe usar.

¿Imponer las manos?	Mr. 16:18
¿Hablar la Palabra?	Hch. 3:6
¿Ungir con aceite?	Stg. 5:14
¿Llamar a los ancianos?	Stg. 5:14
¿Orar, simplemente, en fe?	Stg. 5:15
¿Confesar las faltas?	Stg. 5:16
¿Usar un método especial?	Hch. 19:11

Después de orar, asegúrese que la persona y los presentes entienden lo que Dios ha hecho.

¿Es el principio de una sanidad, o ha sido consumada?

Se debe probar.

Aliente a todos los que están presentes a dar la gloria a Dios, y no a los hombres.

Lc. 17:17-19

Use la sanidad física como una oportunidad para ministrar a las necesidades espirituales que pudieran existir. Generalmente, las personas enfermas están abiertas a Dios.

Jn. 5:14

Enséñeles todo lo que pueda a aquellos que son sanados, porque ellos tendrán mucha confianza en usted.

Hch. 3:11-12, etc.

¡Y sanarán!

Orar con aquellos que desean recibir el bautismo del Espíritu Santo

Texto bíblico: Hechos 19:1-7

Verdad central: ¡Tenemos la obligación de compartir el poder de Dios con el menos afortunado!

Esté seguro que la persona, con quien está orando, conoce a Cristo como su salvador personal.	Hch. 2:38 y 8:16-17
(Ésta es una regla general, puesto que ellos podrían recibir ambas experiencias simultáneamente, como sucedió en la casa de Cornelio.)	Hch. 10:44
No es esencial tener el bautismo primero en agua.	
Los samaritanos se bautizaron primero en agua.	Hch. 8:14-16
Pero, en la casa de Cornelio, fueron bautizados primero en el Espíritu.	Hch. 10:44
Ayúdelos a entender que el bautismo en el Espíritu es para todo creyente.	Hch. 2:4, 39, 8:17, 10:44 y 19:6
Ayúdelos a librarse de cualquier duda que pudieran tener acerca de las manifestaciones del Espíritu, sobre todo, el hablar en lenguas.	Hch. 2:15-16 y Mr. 16:17
Orar hasta que tengan libertad para orar en lenguas.	Hch. 2:4, 10:46 y 19:6

¡Cayó el Espíritu Santo sobre ellos también!

Orar y ayunar

Texto bíblico: Mateo 17:21

Verdad central: ¡La oración es más efectiva cuando se hace con el ayuno!

Orar es bueno, aun sin el ayuno.

   (Las citas bíblicas no mencionan el ayuno.)

Gn. 20:17, Nm. 11:2 y Stg. 5:16

Ayunar es también bueno por sí mismo.

   (Las citas bíblicas no mencionan sobre la oración.)

Neh. 9:1, Dn. 6:18, 2 Co. 6:5 y 11:27

Pero orar y ayunar juntos llevan mayor fruto.

Mt. 17:21

Algunos ejemplos bíblicos de oración y ayuno:

   Moisés — Ex. 34:28

   Nehemías — Neh. 1:4

   Daniel — Dn. 9:3

   Ana — Lc. 2:37

   Cristo — Lc. 4:1

   Pablo y Bernabé — Hch. 14:23

(Véase también "El ayuno", Lección 34 de la sección, "Los fundamentos", página 88.)

¡Este género con nada puede salir, sino con oración y ayuno!

Lección 16

Esperando en el Señor

Texto bíblico: Isaías 40:31

Verdad central: ¡Esperar en el Señor parece ser una disciplina olvidada!

Las escrituras nos mandan a esperar en (o por) el Señor.	Sal. 27:14, 37:7 y Pr. 20:22
Una maravillosa promesa para aquellos que *"esperan a Jehová"*.	Is. 40:31
David esperó en el Señor.	Sal. 25:5, 40:1 y 123:2
Isaías esperó en el Señor.	Is. 8:17, 25:9, 26:8 y 33:22
Pero claramente la salvación, que los santos del Antiguo Testamento esperaron, vino en la persona de Cristo.	Co. 6:2
La promesa del Espíritu Santo, en Hechos 1:4, se cumplió el día de Pentecostés, y en la actualidad, no necesitamos esperar más para recibirla.	Ef. 5:18
Dios está dispuesto para responder a nuestras oraciones, aunque, en muchos casos, nosotros no estamos prestos para recibir la respuesta.	Jer. 33:3
Entonces, ¿qué quiere decir la Biblia, para nosotros hoy, con *"esperar en el Señor"*?	
El autor entendió la palabra mejor después de vivir durante ocho años en América Latina.	
En español, el término *"esperar"* significa "aguardar". Pero también significa "anticipar".	Sal. 62:5
David parece confirmar esta interpretación.	
Nosotros no tuvimos que esperar para la salvación, la sanidad, o el bautismo en el Espíritu Santo.	
Espéralos del Señor y los recibirás.	
Esto, sin embargo, en ninguna forma elimina la necesidad de pasar tiempo con el Señor o *"esperar en el Señor"*.	Os. 12:6
Sería un pecado repetir una oración sin creer, pero no es automáticamente una falta de fe el repetir una oración.	Lc. 11:9
Entonces, "esperar en el Señor" es "buscar al Señor".	Col. 3:1 y He. 11:6

¡Levantarán alas como las águilas!

La fe

Índice

El propósito de estudiar "La fe"

La Biblia resalta, como ejemplos de la fe, a los hombres y las mujeres en Hebreos 11. ¡Qué mejor pasaje para usar, entonces, como base para aprender este tema bíblico tan importante! Mirando detalladamente las vidas de estos hombres y mujeres, que eran notoriamente humano, aprenderemos sus secretos. En tanto nos esforcemos para ser como ellos, encontraremos que nuestra fe crece. El propósito del estudio detallado de estos personajes bíblicos no es para adquirir conocimientos, sino para el verdadero desarrollo de la fe en nuestra vida.

Como veremos en la lección de introducción, todo lo que recibimos de Dios viene mediante la fe. Sin ella, no podemos complacer a Dios, y todos necesitamos más.

¡Al que cree todo le es posible!

Introducción a la fe

La fe:

Es necesaria para recibir:

La salvación	Ef. 2:8
La sanidad	Mt. 9:22
La respuesta a las oraciones	Stg. 1:6-7
La provisión para las necesidades diarias	2 Co. 5:7
Las manifestaciones del Espíritu Santo	
Los ministerios	

(Todo lo anterior depende de la fe.)

Es necesaria para agradar a Dios. — He. 11:6

A veces los grandes teólogos se han quedado atrás por perder su fe.

Todos los hombres de la historia bíblica fueron juzgados por su fe. — He. 11:2

Es tan importante porque:

Fe es creer en Dios, confiar en Dios, y depender de Él.

El no tener fe, entonces, es el mayor insulto que podemos cometer en contra de Dios.

Como ejemplo, Adán y Eva cayeron y fueron echados del Edén porque no creyeron a Dios. — Gn. 3:24

Se recibe de dos maneras:

Como don de Dios	Lc. 17:5
Por oír la palabra de Dios	Ro. 10:17

Crece.	Ro. 1:17
Es contagiosa.	
Tiene una definición bíblica.	He. 11:1
No puede ser separada de la obediencia (tal como veremos en las próximas lecciones).	Stg. 2:17, 20 y 26

La falta de fe:

Se conoce como incredulidad.	
Es el mayor pecado.	
Debido a esto, Dios instituyó un requisito para obtener la salvación: creer; tener fe en Él.	Hch. 16:31

¡La certeza de lo que se espera!
¡La convicción de lo que no se ve!

Aprendiendo la fe de Abel

Texto bíblico: Hebreos 11:4 y Génesis 4:1-15

Dios es justo. No habría castigado a Caín sin razón.

Si bien hicieres.	**Génesis 4** versículo 7
Pero Él rechazó el sacrificio de Caín.	versículo 5

Entendemos que en alguna forma Dios había hecho entender a Caín y Abel qué sacrificios serían aceptables.

¿Fue a través de sus padres?

Lo que está claro es que Abel creía, y obedecía a Dios.

Caín no podía ver la necesidad de tales sacrificios. Estaba orgulloso de su profesión y de sus frutos.	versículo 4
No podía creer que su sacrificio del fruto de la tierra no fuera tan bueno como el de los corderos de su hermano.	versículo 2
Debido a esto, su sacrificio fue rechazado.	versículo 5
El pecado está a la puerta.	versículo 7

El pecado de Caín no fue una falta de comprensión.

Fue una falta de fe, y el resultado fue la desobediencia.

La reacción de Caín mostró la condición de su corazón.	versículos 5-6
El fin de Caín fue muy triste.	versículos 11-16

¡Salió, pues, Caín de delante de Jehová!

Lección 3

Aprendiendo la fe de Enoc

Texto bíblico: Hebreos 11:5, Génesis 5:21-24 y Judas 14-16

Enoc:

Caminó, pues, Enoc con Dios.	Gn. 5:24
Tuvo testimonio de haber agradado a Dios.	He. 11:5
Testificó, y profetizó la Palabra de Dios.	Jud. 14-16
Vivió aproximadamente tres mil años antes de Cristo.	
Recibió una revelación de Dios acerca de los últimos días: *"Vino el Señor con sus santas decenas de millares".*	
Sin entender la profecía, no solamente creyó, sino también compartió.	
Así, agradó a Dios.	He. 11:6

Como un premio por su fe, Enoc fue llevado por Dios, y no experimentó la muerte.

¡Enoc no fue hallado!

Aprendiendo la fe de Noé

Texto bíblico: Hebreos 11:7, Génesis 6:5-8 y 2 Pedro 2:5

Fue advertido por Dios	He. 11:7
Vivió en comunión con Dios	
Oía la voz de Dios	
Acerca de cosas que aún no se veían	He. 11:7
Nunca había llovido antes.	Gn. 2:6
La lluvia es destructiva.	
Además, Dios dijo que el agua caería del cielo.	
Nadie le creyó.	
Noé no solamente creyó, también predicó el mensaje a otros.	2 P. 2:5
Con temor preparó	He. 11:7
La fe crea, dentro de nosotros, un temor santo.	
Este temor:	
Es el principio de la sabiduría.	Sal. 111:10 y 9:10
Es limpio.	Sal. 19:9
Aumentará los días.	Pr. 10:27
Tiene como su paga *"riquezas, honra y vida".*	Pr. 22:4
Trae *"la fuerte confianza".*	Pr. 14:26
Es manantial de vida.	Pr. 14:27
El arca	He. 11:7
Noé obedeció a Dios.	Gn. 6:22 y 7:5
La Palabra del Señor dada a él no fue cumplida por 120 años.	Gn. 6:3

A pesar de las burlas, y el rechazo de su generación, Noé continuó construyendo y predicando.	He. 11:7
Cuando la primera gota de agua cayó del cielo, todo el mundo creyó.	
Pero era demasiado tarde.	
Dios había cerrado la puerta.	Gn. 7:16
Golpearon a la puerta suplicando, pero no se podía abrir.	
La fe no es lo que se ve, sino lo que no se ve.	He. 11:1

¡Noé halló gracia ante los ojos de Jehová!

Aprendiendo la fe de Abraham

Texto bíblico: Hebreos 11:8

En este versículo hallamos tres principios de la vida de fe que podemos aprender de Abraham, el padre de la fe.

Escuchar la voz de Dios

Obedecer

Sin entender

El llamado (escuchar la voz de Dios): *Por fe Abraham, siendo llamado*
He. 11:8

Dios no se ha comprometido en bendecir nuestras ideas, ni nuestros planes.

Cuando actuamos en fe, debe ser en respuesta a la voz de Dios; porque Él nos llamó.

Dios no está obligado a pagar nuestras cuentas, a menos que Él nos haya dicho que las hiciéramos.

Dios no está obligado a proveernos las cosas que deseamos, a menos que las usemos para la gloria de Él.

Debemos estar seguros que estamos haciendo lo ordenado por Dios.

Obediencia: *Por fe Abraham ... obedeció para salir*
He. 11:8

De nuevo, *"La fe sin obras es muerta"*.
Stg. 2:17, 20 y 26

"Creer", sin acción (sin hacer, sin obedecer) es realmente una mentira.

Por eso, la fe sin obras es vacía, vana, y muerta.

No es fe en absoluto, son meramente palabras vacías.

Todos los hombres y mujeres de fe en Hebreos 11 eran hombres y mujeres de acción, de obediencia.

"Siendo llamado, obedeció" demuestra que no perdió tiempo pensando, meditando, u orando al respecto.

Él simplemente obedeció.

Debido a eso, él es el padre de la fe.

Sin saber: *Por la fe Abraham, siendo llamado, obedeció para salir al lugar que había de recibir como herencia; y salió sin saber a dónde iba.*

He. 11:8

Podríamos decir:

Sin saber cómo

Sin saber por qué

Sin saber quién

Sin saber cuándo

Sin entender de qué manera

Todas las declaraciones antedichas son parte de la vida de fe.

Lo que sabemos y lo que vemos no es mayor que la fe.

Porque lo que alguno ve, ¿a qué esperarlo?

Ro. 8:24

No mirando nosotros las cosas que se ven

2 Co. 4:18

Lo que se espera, ... lo que no se ve

He. 11:1

Fijar nuestros ojos en un hombre, cualquier hombre, o en una fuente, la que fuere, no es la vida de fe.

Ir a los ricos, de casa en casa, contándoles nuestras necesidades, no es la vida de fe.

Contarles historias tristes a nuestros familiares para conmoverles a obrar a nuestro favor no es la vida de fe.

"Sin saber" es la vida de fe.

Teniendo seguridad no es la vida de fe.

La Palabra de Dios debe ser nuestra garantía.

La *prueba de vuestra fe*

Abraham fue llamado a dejar:

La seguridad de su hogar.

Su familia.

Una ciudad bien desarrollada.

Para que él pudiera:

Recibir una herencia acerca de la que no sabía nada aún.

Viajar muy lejos sobre desiertos y en territorio hostil.

Vivir en tiendas por largos años como un extranjero.

Sin embargo, él llegó, paso a paso, a la tierra prometida.

Y es casi seguro que:

Sus padres estuvieron en contra de su plan.

Su esposa no le entendió.

Él tuvo que permanecer firme, enfrentando a la severa oposición.

Le habrán preguntado todos los días, "¿Dónde está la ciudad que tu Dios te prometió?"

Cada día de su viaje fue tentado a volver atrás, a Ur de los Caldeos. He. 11:15

La fe que no se ha sometido a prueba no es una fe verdadera.

¡Creyó Abraham a Dios!

Lección 5, Parte 2

Aprendiendo la fe de Abraham

Texto bíblico: Hebreos 11:9-10

Abraham no recibió lo que le fue prometido en un día.

Tuvo que pasar por años de pruebas y de viajes.

Él sufrió:

Como un extranjero en un país extraño.

Incomodidad física y necesidad.

Los abusos emocionales de los paganos que encontró a lo largo del camino.

Pero, aunque no había visto las promesas cumplidas en su vida, no se desesperó.

Con confianza les pasó la promesa a Isaac y a Jacob.

Abraham no recibió la promesa cumplida mientras vivía.   He. 11:10

Fue una promesa espiritual para un tiempo futuro.

Pero no perdió su fe en todo ese tiempo.

Abraham vivió *"por la fe"* debido a que él mantenía *"la convicción de lo que no se ve"*.   He. 11:1

¡Por la fe habitó como extranjero ... porque esperaba la ciudad!

Aprendiendo la fe de Abraham

Texto bíblico: Hebreos 11:17-19 y Génesis 22:1-14

	Génesis
Isaac fue:	12:2-7, 15:4-6 y 18:10

El hijo de la promesa.

Esperado ansiosamente por sus padres, durante muchos años.

Nacido por un milagro. — 18:11 y 21:1

Dado por Dios para ser una bendición.

Amado por sus padres más de lo que podemos entender.

Pedido por Dios como un sacrificio. — 22:1-2

Dios pide lo que más amamos en este mundo.

No porque quiere quitarnos las bendiciones.

Sino porque quiere probar nuestro amor y nuestra fe.

> No quiere que nosotros amemos a alguien, o algo, más de lo que le amamos a Él, incluso alguien, o algo, que Él nos ha dado.

¡Dios no tomó el hijo de Abraham! ¡Fue solamente una prueba!

Abraham:

Obedeció. — 22:3

Fue probado por tres días. — 22:4

Hizo todo lo que el Señor requirió de Él. — 22:6-10

Dios:

Intervino. — 22:11

Suplió un sacrificio para sí mismo. — 22:13

No tomó el hijo de Abraham.

Si Abraham se hubiera negado a ofrecer a Isaac, entonces Dios habría sido forzado a tomar su hijo para sí.   He. 11:19

La fe de Abraham

Él no entendió por qué Dios le pidió sacrificar al hijo de la promesa.

Pero no se enojó con Dios.

No se quejó.

No protestó.

No se negó.

Obedeció, creyendo que Dios levantaría a Isaac de la muerte.

Como resultado de la obediencia de Abraham, Dios le dio una promesa aún más grande.

	Génesis
Ya conozco que temes a Dios	22:12
Por cuanto no me rehusaste tu hijo, tu único	22:12 y 16
Por cuanto obedeciste a mi voz	22:18
De cierto te bendeciré	22:17

¡Probó Dios a Abraham!

Aprendiendo la fe de Sara

Texto bíblico: Hebreos 11:11-12

Sara:

	Génesis
Es una de las mujeres en la lista de los héroes de la fe.	
Era muy bella.	12:11
Era estéril.	11:30
Recibió una promesa de Dios.	15:1-5
Se volvió impaciente, esperando la promesa del Señor, y convenció a Abraham a tener un hijo con Agar.	16:1-3
Creó un serio problema dentro de su familia.	16:4-6
Fue honrada por Dios a pesar de su debilidad.	17:15-16
Dudó de nuevo, aunque el nombre que Dios le dio significa "madre de soberanos".	18:11-15
Parece ser una mujer de voluntad fuerte, incrédula, irrespetuosa, e impaciente.	21:10-11

¿Por qué, entonces, se encuentra en la lista de los héroes de la fe?

No era tan impaciente como nosotros podríamos pensar.	
Abraham tenía setenta y cinco años cuando salió de Harán.	12:4
Ya habían vivido diez años en la tierra prometida sin tener hijos.	
Ella no era tan irrespetuosa como nosotros podríamos pensar.	1 P. 3:6
Ella no dudaba tanto como podríamos pensar.	
Sí, ella se rió.	
Abraham se rió también.	Gn. 17:17-18

Pero después, Sara consideró quiénes eran estos hombres, su mensaje, etc. Entonces, ella no se rió más, hasta que tuvo la razón para reírse realmente.

Gn. 21:6

El tener momentos de duda, y debilidad, es humano.

Todos pasamos por ellos.

Y las promesas de Dios son tan inconcebibles.

Debemos confesar nuestras dudas y pedir al Señor que nos perdone y nos dé fuerza.

Mr. 9:24

El ejemplo de Juan el Bautista.

Mt. 11:2-6

¡Dios me ha hecho reir!

Aprendiendo la fe de Isaac

Texto bíblico: Hebreos 11:20

Isaac:

	Génesis
Fue un hijo de Abraham y Sara, quien nació por un milagro.	21:1-3
Recibió la promesa que fue dada por sus padres.	17:19, 21:12 y 25:5 y 11

Fue un hombre de:

Humildad	22:6-9
Meditación	24:63
Amor	24:67
Paz	26:20-22
Oración	26:25
Imitó a su padre, incluso en sus faltas.	26:7

Demostró su fe en un solo acto.

Aceptó la promesa que su padre le trasmitió, y la traspasó, de la misma forma, a su hijo Jacob.	28:1
Vivió su vida entera sin ver el cumplimiento de la promesa.	
También, como su padre, creyó, y habló a sus hijos *"respecto a cosas venideras"*.	He. 11:20
Fue bendecido por Dios a causa de su fe.	Gn. 26:12-14, 35:28-29

Dios no tuvo vergüenza de ser llamado el Dios de Isaac.	Ex. 3:16

¡Jehová, el Dios de vuestros padres, el Dios ... de Isaac!

Lección 8

Aprendiendo la fe de Jacob

Texto bíblico: Hebreos 11:21

Jacob, el hijo de Isaac y Rebeca:

Fue conocido como el *"suplantador"* o "engañador".

Llegó a ser un príncipe de Dios.

A causa de su deseo de servir a Dios, vivió una vida de lucha continua contra su naturaleza engañosa.

		Génesis
Negativo:	Engañó, y robó a su hermano.	25:29-34
Negativo:	Engañó a su padre.	27:1-29
Negativo:	Fue obligado a huir de su hogar.	27:43
Positivo:	Tuvo una visión, e hizo un voto en Bet-el.	28:10-22
Negativo:	Su boda fue echada a perder por el engaño de su suegro.	29:21-25
Negativo:	Sufrió a causa de la larga lucha con su suegro y los celos entre sus dos esposas.	30:1-43
Positivo:	Fue llamado a volver a la tierra prometida.	31:3
Positivo:	Tuvo un encuentro con ángeles.	32:1-2
Positivo:	El peligro lo hizo orar.	32:7 y 9-12
Positivo:	Luchó con el Señor, y su nombre fue cambiado.	32:24-32
Positivo:	Se reconcilió con Esaú.	33:1-16
Negativo:	Su hija Dina fue deshonrada.	34:1-5
Negativo:	La venganza que sus hijos tomaron, le causó más problemas.	34:7-31
Positivo:	Volvió a Bet-el e hizo un altar.	35:1-15
Negativo:	Surgieron celos entre sus hijos.	37:1-36

		Génesis
Negativo:	Tuvo más problemas familiares.	38:1-30
Positivo:	Su hijo José fue exaltado.	41:39- 46
Positivo:	Jacob, antes de morir, les confió a sus hijos y nietos las promesas que no se habían cumplido durante su vida.	capítulos 48 - 49

A pesar de todas sus luchas, Jacob pasó la bendición (la promesa) a sus hijos, *"y adoró".*

He. 11:21

¡El nombre del Dios de Jacob te defienda!

Lección 9

Aprendiendo la fe de José

Texto bíblico: Hebreos 11:22

José:

Fue el hijo de Jacob.	
Fue el hijo más amado de su padre *"porque lo había tenido en su vejez"*.	**Génesis** 37:3
Y ciertamente, porque era el más espiritual de sus 12 hijos.	37:11
Recibió sueños de Dios.	37:5-11
Fue abusado en varias ocasiones.	37:23, 24, 28 y 39:14-20
Resistió la tentación.	39:7-12
No fue corrompido por la prosperidad.	41:14-46
Mostró amor y misericordia hacia sus hermanos y su padre.	43:30, 45:14-23 y 47:7
Devolvió la maldad de sus hermanos con bondad.	50:16-22
Dependió de Dios.	40:8 y 41:16
Fue bendecido por Dios a causa de todo esto.	
Jehová estaba con José.	39:2 y 21
Y fue varón próspero.	39:2
Le extendió su misericordia.	39:21
Recibió gran sabiduría de parte de Dios.	41:39
Demostró su fe en hechos.	
Profetizó el éxodo del pueblo de Dios de Egipto y su retorno a la tierra prometida.	He. 11:22a
Esta profecía se cumplió cuatrocientos años más tarde.	
Dio la orden de que sus huesos se retornaran a la tierra prometida.	He. 11:22b
Moisés llevó a cabo la orden más de cuatrocientos años después.	Ex. 13:19

A pesar de toda su fama, poder, y riquezas en Egipto, José consideró que era más importante regresar a la tierra que Dios había prometida.

¡Huyó, pues, con todo lo que tenía!

Aprendiendo la fe de Moisés

Texto bíblico: Hebreos 11:23

Es imposible hablar de la fe de un infante. La Biblia habla de la fe de los padres de Moisés, de Amram un levita, y Jocabed.	Ex. 6:20

De estos dos sabemos solamente lo que leemos en Hebreos 11:23, y su confirmación en la historia del Éxodo 2:1-10.

Escondieron al niño Moisés por tres meses.	He. 11:23
La vida era sumamente difícil para ellos.	Ex. 1:11 y 13-14
¿Por qué buscarse más problemas y desobedecer al Faraón?	Ex. 1:15 - 16

Lo vieron como un hijo propio.	He. 11:23

Vieron algo especial en Moisés.

Porque fueron sus padres espirituales, pudieron ver (percibir), que Dios tenía algo especial para su hijo.

Esta percepción les hizo arriesgar sus vidas para salvarlo.

No temieron el decreto del rey.	He. 11:23

Hablamos del rey más grande, más poderoso y más rico en todo el mundo de aquella epoca: el Faraón, gobernante del imperio egipcio.

Pensando en lo natural, ellos le deberían haber temido.

Pero temieron al Rey Invisible y Eterno aún más.

Dios les había dicho algo especial a ellos acerca del niño Moisés.

A causa de esto, desobedecieron al Faraón; arriesgándose para obedecer a Dios.

Dios permitió que Moisés creciera con sus propios padres, para así darle acceso a gente de profunda fe en Dios.	Ex. 2:7-10

¡Viéndole que era hermoso!

Lección 10, Parte 2

Aprendiendo la fe de Moisés

Texto bíblico: Hebreos 11:24-26

Moisés:

Es ahora un adulto.

Tiene una decisión que tomar.

Tiene dos alternativas:

1. Aceptar su adopción en la familia real significaría que él:

    Podría heredar el trono del gran imperio egipcio.

    Podría vivir en el palacio real.

    Tendría todo lo material, lo mejor del mundo.

    Tendría esclavos para que le sirvieran, etc.

2. Retornar a su familia significaría que debería:

    Vivir en una cabaña humilde sin comodidades.

    Ser un esclavo, maltratado, sin paga, y sin agradecimiento.

    Dejar las túnicas reales y ponerse trapos.

    Dejar la comida del palacio por la de los esclavos.

¿Y qué escogió?

¿Qué escogería usted?

¿Por qué escogió la segunda opción?

Aparentemente su madre y su padre le habían enseñado bien.

Los placeres del pecado son temporales.

Luego, viene la condenación y el castigo.

Pr. 21:17, Is. 22:13, 1 Ti. 5:6 y Stg. 5:1-6

Los sufrimientos del pueblo de Dios no son permanentes.	
Luego, viene la gloria y el premio.	Mt. 5:11-12, Hch. 5:41, Ro. 8:17-18 y 1 P. 5:10
Moisés sabía que habían riquezas más grandes por servir a Cristo, que en todos los graneros de Egipto.	He. 11:26
Tenía sus ojos en la meta (un gran secreto para el creyente).	He. 11:26
Cuando alejamos nuestros ojos del premio, fallamos.	Mt. 14:29-31 y He. 12:1-2

¡Le vino al corazón el visitar a sus hermanos!

Lección 10, Parte 3

Aprendiendo la fe de Moisés

Texto bíblico: Hebreos 11:27

Moisés:

	Éxodo 2	**Hechos 7**
Se identificó con su pueblo.	vv. 11-12	vv. 23-24
Fue rechazado por ellos.	vv. 13-14	vv. 25-28
Huyó de Egipto.	v. 15	v. 29

    ¿Por qué?

El relato del Éxodo parece indicar que huyó porque temía al Faraón.	v. 15	
El relato de Hechos parece indicar que huyó porque había sido rechazado por su pueblo.		vv. 25-29
Pero el relato de Hebreos indica que huyó por fe.	(He. 11:27)	

Aparentemente, todavía tenía otra oportunidad:

    Todavía podía volver a la casa del Faraón, pedir perdón, y continuar su vida de lujo.

      Había sido rechazado por sus hermanos, entonces regresar habría sido lo más fácil y lo más lógico.

Hizo su decisión, y nada iba a hacerlo retroceder.

Entendió la ira del Faraón, quien:

Había aceptado a un hebreo, procedente de los esclavos despreciados, que fuera miembro de la familia real, y posiblemente, hasta una herencia le habría dado.		v. 21
Le había dado a Moisés la mejor educación disponible.		v. 22a
Tenía grandes esperanzas para el futuro de Moisés.		v. 22b

Se sentiría traicionado.

Vería a Moisés como un ingrato sin vergüenza.

¿Sin conocer a Dios, qué más podía pensar Faraón?

Los designios de la carne son enemistad contra Dios.	Ro. 8:7
El mundo os aborrece.	Jn. 15:18
No os extrañéis si el mundo os aborrece.	1 Jn. 3:13

La reacción del Faraón es la reacción normal de muchos padres, hermanos, o compañeros, cuando obedecemos a Dios. Dicen cosas tales como:

"¡Qué desperdicio de talento!"

"¡Qué vergüenza!"

"¡Ingrato!"

Debemos esperar esta reacción, y no ser movidos por ella.

Moisés, entonces, hizo algunos enemigos cuando salió de Egipto.

Llegó a ser enemigo del hombre más rico y más poderoso del mundo.

¿No podía haber enviado Faraón soldados tras él?

¿Tendría la paz alguna vez durante el resto de su vida?

¿Habría valido la pena pagar un precio tan grande, habiendo sido ya rechazado por sus hermanos?

¿Por qué sufrir así?

Se sostuvo como viendo al Invisible.	He. 11:27b
Lo cual es otro gran secreto de la vida de fe.	He. 12:2-9

¡Fue enseñado Moisés en toda la sabiduría de los egipcios!

Lección 10, Parte 4

Aprendiendo la fe de Moisés

Texto bíblico: Hebreos 11:28

La Pascua

	Éxodo 12
El cordero … será sin defecto.	versículos 21-30
Macho de un año…	versículos 4-5
El día catorce de este mes … lo inmolará … entre las dos tardes	versículo 5
Tomarán de la sangre, y la pondrán en los dos postes y en el dintel de las casas.	versículo 6
Comerán la carne asada al fuego.	versículo 7
…panes sin levadura…	versículo 8
…con hierbas amargas…	versículo 8
… grandes detalles.	versículo 8

¿Por qué?

Hoy entendemos.

El cordero representa a Cristo, su cuerpo, y su sangre.

Él fue muerto por nosotros, como un sacrificio perfecto.

¿Habría haber entendido Moisés esto, mil quinientos años antes de Cristo?

Moisés obedeció sin entender.

¿Podían todos los hijos de Israel haber entendido?

A causa de su confianza en Moisés, ellos obedecieron sin entender.

¡La fe no se basa en el entendimiento! Es el obedecer sin entender.

Si todo el mundo hubiera entendido, todos los egipcios habrían hecho exactamente lo mismo.

Hablad a toda la congregación de Israel, diciendo ... tómese cada uno; pues todos por igual, sin comprender.	versículo 3

Ejemplos bíblicos importantes:

Ve y lávate siete veces en el Jordán.	2 R. 5:10
Extiende tu mano, y tómala por la cola.	Ex. 4:4
Rodearéis, pues, la ciudad.	Jos. 6:3
Tocaré la trompeta, y todos los que estarán conmigo ... alrededor de todo el campamento.	Jue. 7:18
Haced en este valle muchos estanques.	2 R. 3:16

¡Es la Pascua de Jehová!

Aprendiendo la fe de Moisés

Texto bíblico: Hebreos 11:29

El Mar Rojo sirvió dos propósitos:

    Destruyó al Faraón.

    Probó la fe de Moisés, y la fe del pueblo de Israel.

        La gran mayoría del pueblo fallaron esta prueba.

        Al principio, Moisés parecía estar firme en su fe.

        Pero las murmuraciones del pueblo eventualmente lo afectaron también a él, y Dios tuvo que reprenderlo.

        La señal fortaleció la fe de Moisés.

Moisés obedeció.

Dios le dio la victoria.

Dios no desea que la prueba nos cause daño, ni que nos haga caer. Tampoco desea que nos cause tristeza, ni que retrocedamos de su camino.

    Reaccionar en cualquiera de estas formas, demuestra una falta de fe.

    Al contrario, la prueba es un factor necesario para hacer realidad lo que Dios ha prometido.

    La prueba debe inspirar alegría en nosotros, en tanto esperamos la victoria.

    Y el Señor no quiere, ni siquiera por un momento, que pensemos en volver a Egipto.

Éxodo 14
versículos 1-4 y 17-18

versículos 11-12

versículos 13-14

versículos 15-16

versículos 19-20

versículo 21

versículos 21-22

Ro. 8:28

¡Seré glorificado en Faraón!

Aprendiendo la fe de Josué

Texto bíblico: Hebreos 11:30

Jericó, según los arqueólogos, es una de las ciudades más antiguas existentes.

Josué 6
versículo 1

Era una ciudad-fortaleza.

Tenía:

Muros de piedra.

Torres de guardia.

Portones fuertes.

Guardias bien armados.

Pero Dios le dijo a Josué: *"Mira, yo he entregado en tu mano a Jericó".*

versículo 2

(*"He entregado"*, modo gramatical indicativo perfecto, notando una acción pasada que sigue vigente.)

La fe expresa, en el modo (tiempo) pasado cosas que serán futuras, como si fuesen ya ocurridas.

Se expresa así por ser segura.

Josué usó el mismo modo gramatical para hablar del evento futuro: *"Jehová os ha entregado la ciudad".*

versículo 16

Usó la misma fe cierta.

Dios dijo, *"he entregado".*

Josué dijo, *"Jehová ha entregado".*

Los muros, los portones, los guardias, y todo mismo, aún se veían muy reales y muy fuertes.

Pero cuando Dios ha hablado, las apariencias ya no importan.

Basado en la Palabra, podemos decir, "Él ha entregado".

Recuerda, la fe no es aquello que vemos, sino lo que no vemos. | He. 11:1

Cuando Dios habla, podemos darlo por hecho.

¡Lo aceptamos!

¡Le damos gracias por ello!

¡Es seguro!

¡Él no falla nunca!

Pero la victoria completa depende de la obediencia completa:
cayeron los muros de Jericó después de rodearlos siete días. | He. 11:30

No cayeron antes, ni cayeron durante la marcha, sino después.

Nada pasó hasta que habían obedecido completamente.

Josué 6
versículos 6-7 y 10

Josué dio una orden a su pueblo, como Dios le había ordenado a él.

La marcha empieza. | versículo 8

Van alrededor una vez. | versículo 11

Algunos se cansan.

No ven resultados.

Se quejan de que el enemigo se burla de ellos.

La segunda vuelta empieza. | versículo 14

Aumentan las quejas.

Nada pasa.

Se reúnen grupos pequeños para presentar sus quejas a Josué.

Los métodos del líder no producen resultados.

	Josué 6

La tercera vuelta empieza.

Algunos, los más débiles, no pueden continuar.
Es completamente ridículo para ellos.

Nada pasa; nada en absoluto.

Cuatro vueltas, y siguen.

Están listos para dejarlo.

Han decidido que Josué no es un buen líder.

Es un hombre que no tiene ideas prácticas.

¡Nada! ¡Nada! ¡Nada!

Hasta que...

Nada pasó hasta el séptimo día y la séptima vuelta.   *versículo 15*

Nada pasó hasta que obedecieron totalmente.

¿Cuántas veces estamos cerca de la victoria y listos
para dejarlo?

Al cumplir, en obediencia total, *"el muro se derrumbó"*.   *versículo 20*

La obediencia total, por fe, siempre trae la victoria completa.

¡El muro de la ciudad caerá!

Lección 12

Aprendiendo fe de Rahab

Texto bíblico: Hebreos 11:31

Qué sorpresa, hallar en la lista de las grandes personas de fe a una mujer mala, una prostituta.

La cita bíblica no niega, ni oculta, la profesión de Rahab.

Al contrario, esta cita revela la misericordia de Dios y su poder para cambiar las vidas.

En su lección sobre la fe sin obras, Santiago nos enseña que Rahab *"fue justificada por obras, cuando recibió a los mensajeros"*.

Stg. 2:25

La fe debe ser el motivo de las obras.

Solamente Rahab recibió a los espías que Josué había enviado a Jericó.

Josué 2
versículo 1

Cuando el rey de Jericó supo que los espías estaban en su casa, mandó por ellos.

versículos 2-3

Pero Rahab, a causa de su temor a Dios, los protegió.

versículos 4-5

Los escondió y los ayudó escapar.

versículos 6 y 15

¿Por qué?

Todo el pueblo de Jericó había oído del poder del Dios de Israel.

versículos 10-11

Rahab creyó que este Dios poderoso haría lo que había prometido.

Porque Jehová vuestro Dios es Dios arriba en los cielos y abajo en la tierra.

versículo 11

Rahab les pidió misericordia a los espías.

versículos 12-13

Ya no temía a su propio rey.

versículos 3-4

Acordaron que ella usara una señal cuando llegaran los vencedores de la batalla venidera.	versículos 18-19
Rahab obedeció.	versículo 21
La fe de Rahab animó a los espías y salvó su propia vida.	Jos. 2:24 y 6:17-23
Rahab no volvió a su profesión. Se convirtió en una seguidora del Señor, casada con un siervo de Dios, llegó a ser un antepasado del Señor Jesucristo.	Mt. 1:5

¡La mujer había tomado a los dos hombres y los había escondido!

Lección 13

Aprendiendo la fe de Gedeón

Texto bíblico: Hebreos 11:32-38

La primera batalla que Gedeón tuvo que enfrentar no fue contra los madianitas, sino contra sus propias dudas.

	Jueces 6
Fue llamado por un ángel.	versículos 11-12
Él sintió que no podía aceptar este llamado porque:	
Su pueblo estaba lejos de Dios, en una condición lastimosa.	versículos 1-5
Había pasado un largo tiempo desde que el pueblo había visto, con sus propios ojos, las maravillas de Dios.	versículo 13
Gedeón era de una familia humilde, el menor.	versículo 15
Pidió una señal de Dios, que le diera así la confirmación.	versículo 17
Dios le contestó.	versículos 19-21
De esta manera, se alentó lo suficiente para destruir los altares a Baal.	versículos 25-27
Pero, por miedo a la gente, lo hizo de noche.	versículo 27
Desde allí fue llamado *"Jerobaal"* que significa *"contienda Baal contra él"*.	versículo 32
Él, también, llamó al pueblo a la batalla.	versículos 34-35

Todavía tenía dudas.

Pidió otra señal del Señor.	versículo 37
Dios le contestó.	versículo 38
Pidió todavía otra señal.	versículo 39
Dios le contestó de nuevo.	versículo 40

Todavía tenía dudas — versículo 36

La mayor batalla no es contra Satanás, sino contra nuestra propia carne.

Una vez conquistada la carne, la victoria es nuestra.

Después de haber superado sus propios miedos, Gedeón estaba listo para la batalla. Tomó el ejército de Dios junto a *Harod*.	**Jueces 7** versículo 1

"Harod" significa "temblar".

Gedeón tenía a 32.000 soldados voluntarios. — versículo 3b

Dios le habló en Harod, *"Quien tema y se estremezca, madrugue y devuélvase desde el monte de Galaad"*. — versículo 3

No hay lugar en el ejército de Dios para el temeroso.

Los temerosos son contrarios a la obra de la fe.

Los temerosos serán destruidos. — Ap. 21:8

Podemos hacer más con un grupo pequeño, si el grupo grande está con temor.

22.000 volvieron a su hogar.

Una vez más Dios habló a Gedeón, *"Aún es mucho el pueblo"*. — **Jueces 7** versículo 4

¿Cómo podían haber demasiados contra un enemigo tan grande?

Dios no quiere compartir su gloria con nadie. — versículo 2

Él Señor escogió sus soldados. — versículo 4

Los probó de nuevo. — versículos 4-6

Dios escogió sólo trescientos; los demás se volvieron a su hogar. — versículos 7-8

Esa noche Dios le dio a Gedeón otra promesa, expresada en el modo gramatical pasado.	versículo 9
Gedeón tuvo otro momento de temor.	versículo 10
Gedeón recibió fuerza.	versículos 13-15
Entonces habló la misma palabra de fe.	versículo 15b
Dios ordenó:	
Extrañas armas de guerra.	versículo 16
Extrañas tácticas de guerra.	versículos 17-18
Obediencia total.	versículos 19-20
El resultado de la fe de Gedeón	versículos 21-22
Por hablar lo que Dios le dijo, Gedeón llegó a ser lo que Dios dijo que era.	Jue. 6:12

¡Varón esforzado y valiente!

Aprendiendo la fe de Barac

Texto bíblico: Hebreos 11:32

Barac:

Fue prácticamente desconocido; mencionado muy poco en la Biblia; sólo en Jueces 4 y 5, y en Hebreos 11:32.

Al parecer, no tenía gran habilidad en el liderazgo.

Reconoció el poder de Dios y la autoridad de Débora, una sierva de Dios y juez de Israel en aquel tiempo.

	Jueces 4
Aceptó el desafío que Débora le hizo.	versículo 6
Obedeció sus órdenes.	versículo 10
Puso esta condición: *Si tú fueres conmigo, yo iré.*	versículo 8

Hebreos 11 no habla de Barac como un cobarde, sino como un héroe; un hombre de fe.

Hay personas que no son líderes excepcionales; pero cuando se juntan a los ungidos y los siervos escogidos de Dios, llegan a ser muy efectivos, y eventualmente son extensamente conocidos.

Débora no reprendió a Barac.	versículo 9
Trabajaron juntos.	versículo 10
Barac obedeció a Débora siempre.	versículo 14
En esa forma ganaron la batalla.	versículos 15-16
	Jueces 5
Juntos cantaron la canción de victoria.	versículo 1
Ahora, se conoce como el "Cántico de Débora y de Barac".	versículos 2-31
Ellos ganaron una paz para el pueblo que duró cuarenta años.	versículo 31

Hay otros ejemplos bíblicos de hombres que obtuvieron grandeza a causa de su lealtad a un siervo de Dios.

Joab, siervo fiel de David	2 S. 2:13
Eliseo, siervo fiel de Elías	2 R. 2:3
Josué, siervo fiel de Moisés	Ex. 24:13, 33:11 y Jos. 1:1
David mismo, siervo de Saúl	1 S. 16:19-21

Habiendo servido fielmente a sus líderes, llegaron a ser siervos dinámicos de Dios.

¡Yo iré!

Aprendiendo la fe de Sansón

Texto bíblico: Hebreos 11:32

Sansón era un hombre de contradicciones.

	Jueces
Desde su nacimiento fue separado para ser un nazareo…	13:5 y 16:17
Sin embargo, guardó malas compañías.	14:1-3
A veces se portaba muy espiritual…	13:25 y 15:14
Pero en otras ocasiones se dejó dominar por los deseos carnales.	16:1-4
Fue un hombre de valor en la batalla…	15:11-14
Pero infantil en sus tácticas.	15:4-5
Fue físicamente fuerte…	16:3, 9, 12 y 14
Pero débil frente a la tentación.	16:15-17
Esta debilidad finalmente le dejó ciego y en ataduras, convirtiéndolo en un esclavo de sus enemigos.	16:21

¿Cómo podría ser que un hombre de tantas contradicciones llegara a ser juez de Israel, y que se hallara en la lista de los grandes hombres de fe?

Dios está listo para usar, por igual, al más débil y a quien se someta a su voluntad.	
Sansón luchó con su naturaleza carnal y la superó, al fin, convirtiendo su muerte en una victoria más para el Señor.	16:23-30

¡Clamó Sansón a Jehová!

Lección 16

Aprendiendo la fe de Jefté

Texto bíblico: Hebreos 11:32

Jefté:

	Jueces 11
Nació de una ramera.	versículo 1
Fue rechazado por su familia y sus amigos.	versículos 2 y 7
Huyó.	versículo 3a
Se juntó con hombres ociosos.	versículo 3b
Fue elevado por Dios a ser líder de Israel.	versículos 4-10
Conoció bien la historia del Señor y su pueblo.	versículos 15-28
Fue movido por el Espíritu de Dios.	versículo 29
Hizo un voto fuerte al Señor.	versículos 30-31
Liberó al pueblo de Israel.	versículos 32-33
Cumplió su voto a Dios.	versículos 34-40

El evento en cuestión:

Era *su hija única.*	versículo 34
Jefté *rompió sus vestidos.*	versículo 35a
Porque le he dado palabra a Jehová, y no podré retractarme.	versículo 35b
Ella respondió, *"...haz de mí conforme a lo que prometiste".*	versículo 36
Déjame por dos meses.	versículo 37
Y la dejó por dos meses.	versículo 38
Él *hizo de ella conforme al voto que había hecho.*	versículo 39

Jefté fue juez de Israel por seis años. Trabajó duro, y fue un hombre valiente.	versículo 1 y Jue. 12:7

¡Jefté hizo voto a Jehová!

Aprendiendo la fe de David

Texto bíblico: Hebreos 11:32	
Jesús fue llamado *"Hijo de David".*	Mt. 9:27, 12:23 y 21:9

David:

Se ha dicho que era un hombre conforme al corazón de Dios.	1 S. 13:14 y Hch. 13:22
Aventajado como:	
Atleta	1 S. 17:34-36
Músico	1 S. 16:14-23
Poeta	*Los Salmos*
Soldado (Tuvo gran éxito en las campañas militares.)	
Rey (Era uno de los mejores en la historia de Israel.)	
En el principio, no sobresalió a causa de:	**1 Samuel 16**
Su edad (Era el hijo más joven de Isaí.)	versículo 11
Su experiencia (A causa de su juventud, e inexperiencia, él fue relegado al sencillo trabajo de cuidar las ovejas.)	versículo 11
Su tamaño (Era pequeño de estatura.)	versículo 7
Su reputación (Era conocido sólo por sus ovejas.)	
Sobresalió sólo por su fe única.	
Comenzó cuidando las ovejas.	1 S. 17:34-35
Luchó con Goliat (quien hizo a todos temblar de miedo).	1 S. 17:25-54
Pacientemente esperó la promesa de Dios, dos veces salvando la vida de Saúl, su enemigo.	1 S. 24:1-15 y 26:1-20
Reinó sobre Judá desde Hebrón.	2 S. 5:1-5

Luego, reinó sobre todo Israel.	2 S. 5:3
Tomó Jerusalén y estableció su capital allí.	2 S. 5:7
Llevó el arca a Jerusalén.	2 S. 6:1-19
Logró victorias sobre los enemigos de Israel, y extendió su reino.	2 S. 8 y 10
Hizo preparaciones para la construcción del templo.	1 Cr. 22:5, 14 y 29:2
Ungió a Salomón como su sucesor.	1 R. 1:32-40
Le dio órdenes a Salomón.	1 R. 2:1-4
Murió.	1 Cr. 29:26-30
Estuvo lejos de ser perfecto.	
Lideró un grupo de hombres malcontentos.	1 S. 22:1-2
Censó a Israel, contra los deseos de Dios.	1 Cr. 21:1-2
Fue un hombre de guerra.	1 Cr. 28:3
Pecó con Betsabé.	2 S. 11:2-4
Causó la muerte de Urías.	2 S. 11:14-17
Fue reprendido por Dios.	2 S. 12:1-12
Tú eres aquel hombre.	2 S. 12:7
Se arrepintió.	Salmo 51
Ten piedad de mí.	versículo 1
Borra mis rebeliones.	versículo 1
Lávame más y más de mi maldad.	versículo 2
Límpiame de mi pecado.	versículo 2
Yo reconozco mis rebeliones.	versículo 3
Purifícame.	versículo 7
Crea en mí, oh Dios, un corazón limpio.	versículo 10
Renueva un espíritu recto dentro de mí.	versículo 10
Vuélveme el gozo.	versículo 12
Fue perdonado.	2 S. 12:13

Sufrió mucho a causa de su pecado.	2 S. 12:10-12
Su hijo, recién nacido, murió.	2 S. 12:14 y 18
Su hijo Amnón violó a su propia hermana, Tamar.	2 S. 13:1-14
Absalón, su otro hijo, mató a Amnón.	2 S. 20-29
Absalón dividió el reino de David.	2 S. 15:1-12
David huyó de su ciudad.	2 S. 15:13-18
Joab mató a Absalón.	2 S. 18:9-17

¡No temeré mal alguno! ¡Porque tú estarás conmigo!

Lección 18

Aprendiendo la fe de Samuel

Texto bíblico: Hebreos 11:32

Samuel:

Fue el último juez de Israel.	
Fue favorecido por Dios en tener una madre santa que:	
Lo recibió como un milagro de Dios.	**1 Samuel** 1:9-11, 19-20
Lo consagró al Señor antes de su nacimiento.	1:11
Lo llevó de edad temprana, a Silo, para ser educado por el sacerdote.	1:26-28
Lo amaba y le llevaba una túnica nueva cada año.	2:19
Fue favorecido por Dios en su niñez al:	
Poder ministrar al Señor.	2:18
Poder oír la voz de Dios.	3:1-18
Respondió a los favores del Señor.	
No dejó caer a tierra ninguna de sus palabras (la Palabra de Dios).	3:19
Fue un hombre de oración.	7:5-9, 8:6, 12:17-18 y 15:11
Fue un profeta fiel.	3:20
Habló a todo Israel.	4:1
Llamó a su pueblo al arrepentimiento.	7:3-6
Superó a sus enemigos con fe, y con oración.	7:10-11
Juzgó bien a Israel.	7:15-16
No temió a los hombres.	3:17-18 y 15:12-14
Fue usado por Dios para:	
Ungir al primer Rey de Israel.	10:1-9
Anunciar la destitución del mismo.	15:16-29
Ungir al joven David.	16:1-13
Establecer la primera escuela de profetas.	19:20

¡Samuel creció! ¡Y Jehová estaba con él!

Aprendiendo la fe de Elías

Texto bíblico: Hebreos 11:32-40 y Santiago 5:17-18

Elías:

Dependió completamente de Dios para su provisión diaria.

Fue alimentado milagrosamente.

Por cuervos	1 R. 17:2-6
Por el milagro de la viuda	1 R. 17:15
Por un ángel del Señor	1 R. 19:5-8

No temía a los hombres. 1 R. 18:17-40

Reprendió a dos reyes. 1 R. 21:20 y 2 R. 1:16

Fue poderoso en la oración. 1 R. 17:20-22, 18:36-38 y Stg. 5:17-18

No fue perfecto. 1 R. 19:3, 4, 14, 18 y Stg. 5:17

Pero Dios honró la palabra de Elías con:

La sequía.	1 R. 17:1 y 7
La provisión milagrosa profetizada.	1 R. 17:14-16
El juicio de Acab y Jezabel.	1 R. 21:19-24
El juicio de Ocozías y los capitanes.	2 R. 1:2-17
El juicio de Joram.	2 Cr. 21:12-18

Los milagros que siguieron a Elías

La sequía	1 R. 17:1 y Stg. 5:17
La multiplicación de la harina y el aceite	1 R. 17:14

El niño resucitado	1 R. 17:22
El sacrificio consumido por el fuego	1 R. 18:38
El capitán, y los cincuenta, consumidos por el fuego	2 R. 1:10
Las aguas del Jordán separadas	2 R. 2:8
Elías no murió	2 R. 2:11
¿Tiene él un papel futuro?	
¿Será uno de los dos testigos?	Ap. 11:1-11

¿Dónde está Jehová, el Dios de Elías?

Aprendiendo la fe de Eliseo

Texto bíblico: Hebreos 11:32

Eliseo fue el hombre de la doble porción.   2 R. 2:9-14

En muchas maneras su ministerio fue similar al de Elías.

El milagro	**Elías**	**Eliseo**
Ayudar a los extranjeros (gentiles)	1 R. 17:9-16	2 R. 5:1-13
Suministrar a las viudas	1 R. 17:9-16	2 R. 4:1-7
Resucitar a los hijos únicos	1 R. 17:17-24	2R.4:18-37
Proveer agua en tiempo de sequía	1 R. 18:41-45	2 R. 3:9-20
Pronunciar sentencias sobre reyes	1 R. 21:19-21	2 R. 8:7-13
Proclamar venganza contra el injusto	2 R. 1:9-12	2R.2:23-25
Partir el Jordán	2 R. 2:8	2 R. 2:14

Pero Eliseo fue aun más poderoso y fructífero.

Él nunca:

Se quejó.

Llegó a estar descorazonado.

Corrió de sus enemigos.

Hasta en su muerte se mostró poderoso.   2 R. 13:20-21

Eliseo:

Fue obediente al llamado de Dios.	1 R. 19:20-21
Buscó activamente el poder espiritual.	2 R. 2:9
Habló con autoridad.	2 R. 3:16-17
Trabajó con todo su corazón.	2 R. 4:34-35
Fue incorruptible.	2 R. 5:15-16
Tuvo un espíritu de victoria.	2 R. 6:15-16
Fue un hombre de gran visión espiritual.	2 R. 6:17
Murió victoriosamente.	2 R. 13:14-19

¡Que una doble porción de tu espíritu sea sobre mí!

Lección 21

Aprendiendo la vida de fe

(Véase "La vida de fe", Lección 36, en la sección "Los fundamentos", página 194.)

Frases relacionadas con la fe

Miremos el significado de las siguientes frases bíblicas que tratan el tema de la fe:

1. *"La medida de fe"* — Ro. 12:3

   Es la capacidad que Dios ha puesto dentro de cada hombre para creer en un poder más alto.

2. *"No es de todos la fe"* — 2 Ts. 3:2

   No es una contradicción del versículo previo, sino una referencia a la fe del creyente.

3. *"Varón lleno de fe"* — Hch. 6:5

   No tiene lugar para duda.

4. *"Por fe y para fe"* — Ro. 1:17

   Es el crecimiento en la fe.

5. *"Por la fe vivirá"* — Ro. 1:17

   Es el tener fe como la fuerza motivadora de nuestras vidas: en el caso de un siervo de Dios, vivir en dependencia del Señor.

6. *"La oración de fe"* — Stg. 5:15

   Es la oración hecha por quien cree las promesas.

7. El don de la *"fe"* — 1 Co. 12:9

   Es uno de los nueve dones del Espíritu: Fe sobrenatural, más allá de la capacidad del hombre para comprender.

8. *"El fruto del Espíritu es … fe"* — Gá. 5:22

   Es un aspecto del fruto del Espíritu: Una confianza permanente en la bondad de Dios.

9. *"El mismo espíritu de fe"* — 2 Co. 4:13

   Es la actitud de fe.

10. *"La fe que obra por el amor"*   Gá. 5:6

   La frase se explica por sí.

11. *"El escudo de la fe"*   Ef. 6:16

   Es la fe que nos protege.

12. *"Es la coraza de fe"*   1 Ts. 5:8

   Es la protección contra los dardos malignos del enemigo.

13. *"Acompañada de fe"*   He. 4:2

   Es tener presente a la fe.

14. *"Pida con fe, no dudando nada"*   Stg. 1:6

   La frase se explica por sí.

15. *"Conforme a vuestra fe"*   Mt. 9:29

   La frase se explica por sí misma.

16. *"Edificándoos sobre vuestra santísima fe"*   Jud. 20

   Sobre la base (fundamento), que es su fe.

17. *"Que contendáis ardientemente por la fe"*   Jud. 3

   Se requiere de un empeño consciente y esforzado para tener
   la fe como la que tuvo los primeros santos.

18. *"Y sigue ... la fe"*   2 Ti. 2:22

   Continúa buscando la fe.

19. *"La prueba de vuestra fe"*   Stg. 1:3 y 1 P. 1:7

   La comprobación de la fe del creyente.

20. *"El fin de vuestra fe"*   1 P. 1:9

   Es el resultado final de tu fe.

¡Edificándoos sobre vuestra santísima fe!

La conclusión

Algunos de los importantes conceptos que hemos aprendido acerca de la fe:

Es un tema entre los más importantes de la Biblia.

Es un don de Dios.

Puede crecer.

Puede perderse.

No podemos agradar a Dios sin ella.

No podemos recibir nada de Dios sin ella.

Todos los ministerios trabajan mediante ella.

La falta de ella (la incredulidad) es el pecado más grande.

Es un requisito para la salvación.

No se puede separar de la obediencia. Y la obediencia completa trae la victoria completa.

Crea dentro de nosotros un temor santo.

No es eso que se ve, sino aquello que no se ve.

Debe ser probada (demostrada, examinada).

Es probada mediante:

Las demoras.

Las palabras de personas a nuestro alrededor.

Los sacrificios difíciles.

Las tareas imposibles.

El no darnos a conocer todos los detalles.

No debe fallar, aunque la respuesta llegue tarde.

Su falta debe ser confesada.

No depende de nuestra bondad, o nuestra perfección.

El mantener nuestros ojos en el premio por recibir; al ver lo invisible, nos ayuda.

No es entendimiento.

Se puede destruir por murmuraciones y quejas.

Es contagiosa (así como la falta de ella).

Siempre mira hacia adelante, nunca hacia atrás.

Es ahora, no ayer.

Puede asignar y expresar, como realidades presentes, las promesas de Dios.

Es contraria a la carne y el pensamiento carnal.

Habla lo que Dios habla.

Nos hace lo que Dios dice que somos.

¡Tened fe en Dios!

Hechos
de los apóstoles

Índice

El propósito de estudiar *"Hechos de los apóstoles"*

El estudio que hemos realizado aquí, a menudo, ha sido malentendido. Nuestro propósito es señalar, por lo que indica la historia escrita de la iglesia primitiva, patrones de desarrollo. Podríamos separar cada tema, dedicando una página para cada uno. "El bautismo", por ejemplo, puede demostrarse en los capítulos 2, 8, 9, 10, 16, 18, 19 y 22, etc.; pero ya hemos tratado este tema en la sección "Los fundamentos". Por lo tanto, en el estudio siguiente presentamos un vistazo a las doctrinas en acción; lo que viene a ser: El vivir de la vida de fe. Así que, nuestra atención se dedicará a cada tema dentro de su contexto.

Siendo, entonces, nuestro propósito el desarrollar un patrón, con cada mención del tema, podemos dedicar menos tiempo para su estudio, por lo que estos temas ya se han presentado en las secciones anteriores. Por esa razón, simplemente proponemos puntos para notar. En cambio, otros puntos demandarán nuestra atención detenida. Cada patrón anotado es importante para el desarrollo de la vida cristiana y para un mejor ministerio.

Las preguntas que finalizan cada capítulo, designadas, "para pensar", no tienen necesariamente una respuesta bíblica específica. La opinión del lector podrá variar de la que opinan otros. Lo importante es estimular el estudio de ciertos aspectos misteriosos de las Escrituras.

¡Perseveraban en la doctrina de los apóstoles!

Introducción a *"Hechos de los apóstoles"*

El libro de *Hechos de los apóstoles*:

Es sumamente importante para nosotros, porque es el único libro del Nuevo Testamento que registra la historia de la Iglesia primitiva.

Contiene patrones de:

Oración

Ministerio

La organización de la iglesia

etc.

Registra el progreso de la joven Iglesia que:

Vivía por la fe en Dios.

Experimentaba milagros cada día.

Crecía diariamente en número y en madurez espiritual, como resultado de las manifestaciones de Dios.

Experimentó muchos problemas, pero le hicieron buscar a Dios, y obtuvo victoria.

Sufrió persecución constante; pero esta persecución nunca le quitó su victoria, o impidió su progreso, sino dio por resultado bendiciones.

Tenía a Cristo como el tema de cada sermón.

Dio su vida por su fe.

¿Por qué es el libro de *Hechos de los apóstoles* tan importante?

Cristo murió al fin de los relatos de los evangelios.

Fue entonces que el Nuevo Testamento verdaderamente empezó.

capítulo 2

La Iglesia nació el día de Pentecostés.

Hechos de los apóstoles **bien puede ser el libro más importante del Nuevo Testamento.**

Es clave en la interpretación de todos los demás libros del Nuevo Testamento.

En *Hechos de los apóstoles,* vemos las doctrinas del Nuevo Testamento en acción, en su propio contexto.

Cuando oramos, como los apóstoles oraron, conseguimos los mismos resultados; porque nosotros servimos al mismo Dios.

Un estudio de *Hechos de los apóstoles,* entonces, nos ayuda a distinguir entre tradiciones y costumbres de los hombres, y los que son fundamentos bíblicos genuinos.

El autor fue Lucas, el querido médico, y compañero del apóstol Pablo durante su ministerio.

Es notable que el Señor escogió a Lucas para escribir Hechos.

Mateo, Marcos, y Juan fueron testigos oculares de lo occurrido en los primeros capítulos, mas no Lucas.

Lucas tuvo que escribir Hechos, mayormente por revelación (de la misma manera que elaboró el libro de Lucas).   Lc. 1:1-4

El período tratado por Hechos, desde el año 30 d.C., hasta el año 62 d.C., fueron los primeros 32 años de la existencia de la

Para pensar: ¿Por qué fue escrita solamente una historia "oficial" de la Iglesia primitiva?

Capítulo 1

1-2: La introducción

Nótese: Hechos fue escrito como una continuación del *Evangelio según San Lucas.* (*"El primer tratado".*)

versículo 1

En Lucas, Cristo actuó personalmente. (*"Jesús comenzó a hacer y a enseñar".*)

versículo 1

En Hechos, Él actuó por medio de los Apóstoles. (Él *"fue recibido arriba".*)

versículo 2

Mandamientos por el Espíritu Santo.

versículo 2

El llamado de Dios: *"había escogido".*

versículo 2

3-5: La preparación de los apóstoles

Nótese: *Muchas pruebas indubitables*

versículo 3

Apareciéndoseles durante cuarenta días

versículo 3

Hablándoles

versículo 3

Ellos no debían esforzarse en la obra de Dios sin el poder del Espíritu Santo.

versículo 4

Se les prometió el poder del Espíritu Santo.

versículo 5

6-8: Los últimos momentos con Jesús

Nótese: Ellos *se habían reunido*

versículo 6

Todavía, hubo una falta de comprensión acerca del *"reino".*

versículo 6

Los tiempos o las sazones

versículo 7

La promesa del poder del Espíritu Santo es repetida, junto con el plan maestro del Señor para la evangelización: *En Jerusalén, en toda Judea, en Samaria.*

versículo 8

9-11: La ascensión

Nótese: Él *"fue alzado"*

versículo 9

La visita angelical

versículos 10

9-11: La ascensión (continuación)

Nótese: Es la primera promesa registrada de la segunda venida de Cristo.	versículo 11
De la misma manera	versículo 11

12-26: El aposento alto

Nótese: Obediencia	versículo 12
Los once, otro Judas, María la madre de Jesús, los hermanos del Señor, y otras mujeres	versículos 13-14
Ciento veinte esperaban juntos en el aposento alto, tal como el Señor les había ordenado.	versículo 15
La elección de Matías	versículos 15-23
La profecía	versículo 16
El llamado de Dios	versículo 17
El juicio de Dios	versículo 18
Fue notorio a todos	versículo 19
El uso de las Escrituras	versículo 20
Los requisitos para la selección	versículos 21-22
Los candidatos	versículo 23
La oración: *"Tú, Señor, que conoces los corazones de todos"*	versículo 24
Este ministerio y apostolado	versículo 25
Los métodos usados	versículo 26

Matías fue contado con los once.

Para pensar: ¿Fue la elección de Matías legítima? ¿Se usaron los métodos bíblicos? ¿Los discípulos verdaderamente encontraron la voluntad de Dios? ¿Por qué Matías no es mencionado de nuevo en la Biblia?

Capítulo 2

1-4: La primera venida del Espíritu Santo sobre la Iglesia	
Nótese: *Todos unánimes juntos*	versículo 1
Un estruendo como de un viento recio que soplaba	versículo 2
Llenó toda la casa	versículo 2
Lenguas repartidas, como de fuego	versículo 3
Asentándose sobre cada uno de ellos	versículo 3
Fueron todos llenos	versículo 4
Comenzaron a hablar en otras lenguas, según el Espíritu les daba que hablasen	versículo 4
5-13: La reacción de los testigos	
Nótese: *Varones piadosos de todas las naciones*	versículo 5
Hecho este estruendo … estaban confusos, porque cada uno les oía hablar en su propia lengua	versículo 6
Estaban atónitos y maravillados	versículo 7
¿Nuestra lengua, en la que hemos nacido?	versículo 8
Habían representantes, de por lo menos, dieciséis naciones.	versículos 9-11
Las maravillas de Dios	versículo 11
Atónitos y perplejos. ¿Qué quiere decir esto?	versículo 12
Algunos se burlaban: *"Están llenos de mosto".*	versículo 13
14-36: La primera predicación de la Iglesia	
Nótese: La intrepidez de Pedro	versículo 14
El tono de respeto	versículo 14
Su defensa: *"La hora tercera"* (09:00 de la mañana)	versículo 15
Esto es…	versículo 16

14-36: La primera predicación de la Iglesia (continuación)

Nótese: El uso de las Escrituras	versículos 17-21, 25-28 y 31
Sobre toda carne	versículo 17
La profecía	versículos 17-18
Las visiones	versículo 17
Siervos y ... siervas	versículo 18
Prodigios ... y señales	versículo 19
El sol ... y la luna	versículo 20
"El día del Señor"	versículo 20
Todo aquel que invocare el nombre del Señor será salvo.	versículo 21
El tono de respeto	versículo 22
El tema: *"Jesús nazareno"*	versículo 22
Aprobado por Dios ... con las maravillas, prodigios y señales	versículo 22
Como vosotros mismos sabéis	versículo 22
La crucifixión no fue un accidente.	versículo 23
La reprensión	versículo 23
La resurrección	versículo 24
Era imposible	versículo 24
El testimonio de David	versículos 25-28
El tono de respeto	versículo 29
David está muerto.	versículo 29
Era profeta.	versículo 30
Cristo está vivo y sentado en el trono de David.	versículo 30
La resurrección	versículos 31-32
Todos nosotros somos testigos	versículo 32

14-36: La primera predicación de la Iglesia (continuación)

Nótese: Siendo *exaltado … habiendo recibido … la promesa … ha derramado esto.*	versículo 33
Otra referencia a David	versículos 34-35
La conclusión: *"Este Jesús a quien vosotros crucificasteis, Dios le ha hecho Señor y Cristo".*	versículo 36

37-41: Los resultados de la predicación

Nótese: *Se compungieron de corazón. "¿Qué haremos?"*	versículo 37
Se anuncia, por primera vez en la historia de la Iglesia, el plan de la salvación.	versículo 38
La promesa del Espíritu Santo	versículos 38-39
La exhortación	versículo 40
El bautismo en agua	versículo 41
El crecimiento de la Iglesia	versículo 41

42-47: La vida de los primeros cristianos

Nótese: *Y perseveraban*	versículo 42
Los secretos de su perseverancia: *La doctrina de los apóstoles, en la comunión unos con otros, en el partimiento del pan y en las oraciones.*	versículo 42
El *"temor"* al Señor	versículo 43
Muchas maravillas y señales	versículo 43
Estaban juntos y tenían en común todas las cosas	versículos 44-45
Según la necesidad de cada uno	versículo 45
Otro secretos de su perseverancia	versículos 46-47
El crecimiento de la Iglesia	versículo 47

Para pensar: ¿Por qué continuaban los discípulos visitando el templo regularmente?

Capítulo 3

1-8: El primer milagro de sanidad registrado en la epoca de la Iglesia

Nótese: Había una *"hora"* designada para la oración.   versículo 1

Pedro y Juan asistieron.   versículo 1

Un hombre, cojo de nacimiento   versículo 2

Era un mendigo.   versículo 3

Los dones del Espíritu en funcionamiento   versículos 4 y 6-7

¿La fe del hombre cojo?   versículo 5

El estado económico de los apóstoles   versículo 6

La alabanza   versículo 8

9-11: La reacción de las personas

Nótese: Un milagro visible   versículo 9

Se llenaron de asombro y espanto   versículo 10

La oportunidad   versículo 11

12-26: La predicación de Pedro

Nótese: Reconoció la oportunidad.   versículo 12

Habló con respeto.   versículo 12

Se negó tomar para sí el crédito de la sanidad.   versículo 12

En cambio, le dio gloria a Dios.   versículos 12 y 16

El tema fue *"Jesús"*.   versículo 13

La reprensión   versículos 14-15

El perdón   versículo 17

La profecía   versículo 18

El plan de salvación   versículo 19

12-26: La predicación de Pedro (continuación)

Nótese: La promesa	versículo 20
Los tiempos de la restauración de todas las cosas	versículo 21
El uso de las Escrituras	versículos 22-23
La cita de Samuel y los profetas	versículo 24
La cita de Abraham	versículo 25
El propósito de la venida de Cristo	versículo 26

Para pensar: ¿Cómo supo Pedro que este hombre cojo, en particular, estaba listo para recibir la sanidad?

Capítulo 4

1-4: Persecución

Nótese: De los jefes religiosos	versículo 1
Estaban resentidos.	versículo 2
Abuso físico.	versículo 3
"Era ya tarde". (Habían estado enseñado allí todo el día.)	versículo 3
La persecución no impidió la obra del Señor.	versículo 4
El crecimiento de la Iglesia.	versículo 4

5-22: Más persecución

Nótese: Se reunieron todos los hombres más importantes.	versículos 5-6
Hicieron la pregunta apropiada.	versículo 7
Pedro no se desmayó de miedo, porque estaba *"lleno del Espíritu Santo"*.	versículo 8
Su predicación	versículo 9
El tema del mensaje: *"Jesucristo de Nazaret"*	versículo 10
La resurrección	versículo 10
La reprensión	versículos 10-11
Ha venido a ser cabeza.	versículo 11
En ningún otro hay salvación; porque no hay otro nombre.	versículo 12
Viendo el denuedo de Pedro y de Juan	versículo 13
Eran hombres sin letras y del vulgo.	versículo 13
Habían estado con Jesús.	versículo 13
Viendo al hombre que había sido sanado … no podían decir nada en contra.	versículo 14
Señal manifiesta	versículo 16

5-22: Más persecución (continuación)

Nótese: Las autoridades determinaron *"que no se divulgue más".*	versículo 17
Las autoridades amenazaron.	versículos 17-18
Respondieron Pedro y Juan.	versículos 19-20
Emitieron mayores amenazas.	versículo 21
Todos glorificaban a Dios.	versículo 21
Los discípulos fueron salvos por el milagro.	versículos 21-22

23-31: La reacción de los apóstoles frente a la persecución

Nótese: Informaron todo *"a los suyos".*	versículo 23
Alzaron unánimes la voz a Dios.	versículo 24
El uso de las Escrituras como parte de la oración	versículos 25-26
La causa de la persecución	versículo 27
Los propósitos de Dios	versículo 28
La petición	versículos 29-30
La respuesta de Dios	versículo 31
Otra llenura del Espíritu Santo	versículo 31
Hablaban con denuedo la palabra de Dios	versículo 31
La persecución no hacía ningún daño a la Iglesia	Véase los versículos siguientes

32-37: La vida de los primeros cristianos

Nótese: Los creyentes *eran de un corazón y un alma*	versículo 32
Tenían todas las cosas en común.	versículo 32
Con gran poder los apóstoles daban testimonio.	versículo 33
Abundante gracia era sobre todos ellos.	versículo 33
Su prosperidad: *"No había entre ellos ningún necesitado".*	versículo 34

32-37: La vida de los primeros cristianos (continuación)

Nótese: Sacrificaron	versículos 34-35
A cada hombre de acuerdo a su necesidad	versículo 35
La obediencia de Bernabé	versículos 36-37

Para pensar: ¿Fue éste el principio del ministerio de Bernabé? ¿Habían hecho algo mal los apóstoles para merecer las persecuciones de los primeros versículos?

Capítulo 5

1-11: Ananías y Safira

Nótese: Era *cierto hombre*. ¿Fueron Ananías y Safira verdaderos creyentes?	versículo 1
Ellos trajeron *"sólo una parte"*.	versículo 2
Mintieron a Dios.	versículos 3-4
Ananías cayó muerto.	versículo 5
Vino un gran temor sobre todos los que lo oyeron.	versículos 5 y 11
Los jóvenes, lo envolvieron, y sacándolo, lo sepultaron.	versículos 6 y 10
Los dones del Espíritu	versículos 3-4 y 9
Safira murió de la misma manera.	versículos 7-10
Su pecado: *"Tentar al Espíritu del Señor"*	versículo 9

12-16: El poder de la Iglesia

Nótese: *Muchas señales y prodigios*	versículo 12
Estaban todos unánimes	versículo 12
¿Un problema?	versículo 13
El pueblo los alababa	versículo 13
Aumentaban más, gran número	versículo 14
Fe	versículo 15
Todos eran sanados	versículo 16

17-40: La persecución

Nótese: Las autoridades *"se llenaron de celos"*.	versículo 17
Sufrimiento físico	versículo 18
Librados por un ángel	versículo 19
Fueron mandados a seguir	versículo 20

17-40: La persecución (continuación)

Nótese: Su obediencia	versículo 21
Los perseguidores fueron frustrados.	versículos 21-23
Las autoridades *dudaban en qué vendría a parar aquello.*	versículo 24
Hallaron a los discípulos	versículo 25
Su salvación	versículo 26
La pregunta apropiada	versículos 27-28
La respuesta: *"Es necesario obedecer a Dios antes que a los hombres"*	versículo 29
El tema: *"Jesús"*	versículo 30
La resurrección	versículo 30
La represión	versículo 30
Dios ha exaltado a Jesús para ser "Príncipe y Salvador". *"Para dar"* por medio de Él *"arrepentimiento y perdón de pecados".*	versículo 31
El Espíritu Santo, el cual ha dado Dios a los que le obedecen.	versículo 32
La reacción: *"Se enfurecían y querían matarlos."*	versículo 33
La sabiduría de Gamaliel	versículos 34-39
"Mirad por vosotros" mismos.	versículo 35
"Teudas" decía que era *"alguien".* (¿Quería decir él que era el Mesías?)	versículo 36
Fue *"muerto"*, y sus seguidores *"fueron dispersados y reducidos a nada".*	versículo 36
Se levantó Judas… y llevó en pos de sí a mucho pueblo. Pereció también él. Y sus seguidores fueron *"dispersados".*	versículo 37
Dejadlos; porque si este consejo o esta obra es de los hombres, se desvanecerá.	versículo 38
Si es de Dios, no la podréis destruir; no seáis tal vez hallados luchando contra Dios.	versículo 39
Azotaron a los apóstoles, y les *"intimaron"*, para que ellos dejaran de predicar.	versículo 40

41-42: La reacción de los apóstoles frente a la persecución

Nótese: Se regocijaron	versículo 41
Consideraron que era un honor ser *"dignos de padecer afrenta"*.	versículo 41
Continuaron, cada día, en el templo.	versículo 42
Por las casas	versículo 42
No cesaban de enseñar y predicar.	versículo 42
Su tema: *"Jesucristo"*	versículo 42

Para pensar: ¿Por qué no envía el Señor juicio a la iglesia de hoy, como lo hizo en el caso de Ananías y Safira?

Capítulo 6

1-7: Los problemas causados por el crecimiento rápido de la Iglesia

Nótese: El problema	versículo 1
No es justo que nosotros dejemos la palabra de Dios.	versículo 2
Siete varones de buen testimonio	versículo 3
Llenos del Espíritu Santo y de sabiduría	versículo 3
Nosotros persistiremos en la oración.	versículo 4
Y en el ministerio de la palabra	versículo 4
Los que fueron escogidos	versículo 5
La oración	versículos 4-6
La imposición de las manos	versículo 6
El crecimiento de la Iglesia	versículo 7
Muchos de los sacerdotes obedecían a la fe.	versículo 7

8-15: Persecución

Nótese: *Esteban, lleno de gracia y poder*	versículo 8
Grandes prodigios y señales	versículo 8
Jefes religiosos muy respetados disputaron con Esteban.	versículo 9
	versículo 10
No podían resistir a la sabiduría	versículo 11
Sobornaron a unos.	versículo 12
Soliviantaron al pueblo.	versículos 13-14
Y pusieron testigos falsos.	versículo 15
Esteban no se desalentó por estas tácticas.	
Hay una unción especial para sufrir pacientemente a la persecución.	versículo 16

Para pensar: ¿ Fue la conversión de tantos sacerdotes el resultado de las visitas diarias de las discípulos al templo?

Capítulo 7

1-53: El mensaje de Esteban

Nótese: La pregunta apropiada proveyó una oportunidad para Esteban.	versículo 1
El uso de la historia de la Biblia	El mensaje entero
El tono de respeto	versículo 2
El llamado de Dios a Abraham	versículos 2-3
El uso específico de las Escrituras	versículos 3, 33, 34, 37, 42, 43 y 49-50 etc.
La obediencia	versículo 4
Las promesas de Dios	versículo 5
La paráfrasis de las Escrituras	versículos 4-6
La profecía	versículos 6-7
La circuncisión	versículo 8
Abraham, Isaac y Jacob; los Patriarcas	versículo 8
La historia de José	versículo 9
Dios estaba con él	versículo 9
Y le libró ... y le dio gracia y sabiduría	versículo 10
La sequía	versículo 11
El traslado a Egipto	versículos 12-15
La muerte y el entierro de Jacob	versículos 15-16
El desarrollo en Egipto	versículos 17-19
Nacimiento y juventud de Moisés: *Poderoso en sus palabras y obras*	versículos 20-22
Como Moisés fue rechazado	versículos 23-28
La llamada de Dios a Moisés	versículo 25
El exilio de Moisés	versículo 29
Pasados cuarenta años	versículo 30

1-53: El mensaje de Esteban (continuación)

Nótese: El ministerio de los ángeles	versículo 31
Moisés se *maravilló de la visión*. Se acercó.	versículo 31
Moisés, temblando, no se atrevía a mirar.	versículo 32
Estaba en *"tierra santa"*.	versículo 33
He visto la aflicción ... he oído su gemido ... he descendido para librarlos. Te enviaré ...	versículo 34
A éste [Moisés] *lo envió Dios*	versículo 35
El ministerio de los ángeles	versículo 35
Los sacó habiendo hecho prodigios y señales en tierra de Egipto, y en el Mar Rojo, y en el desierto por cuarenta años.	versículo 36
Profecía: *"a él oiréis"*.	versículo 37
La congregación en el desierto	versículo 38
El ministerio de los ángeles	versículo 38
Palabras de vida	versículo 38
La desobediencia	versículo 39
Idolatría: *"Las obras de sus manos"*	versículos 40-41
El enojo de Dios contra los rebeldes de Israel	versículos 42-50
La profecía	versículo 43
Los planes de Dios	versículo 44
Jesús (Josué)	versículo 45
David ... halló gracia delante de Dios	versículos 45-46
El templo de Salomón	versículo 47
El Altísimo no habita en templos hechos de mano	versículo 48
La casa de Dios	versículo 49
La creación	versículo 50

1-53: El mensaje de Esteban (continuación)

Nótese: La represión	versículos 51-53
El tema: *"El Justo"*	versículo 52
El ministerio de los ángeles	versículo 53

54-60: La muerte de Esteban, el primer mártir cristiano

Nótese: La reacción de los judíos	versículo 54
Crujían los dientes contra él.	versículo 54
La tranquilidad de Esteban	versículos 55-56
Una rara manifestación	versículo 56
La reacción violenta	versículo 57
Apedreaban a Esteban	versículos 58-59
Esteban *invocaba y decía: Señor Jesús.*	versículo 59
El Espíritu de Cristo en Esteban	versículo 60
Tuvo una unción especial para el sufrimiento.	versículo 60
Durmió	versículo 60
La primera mención de Saulo (Pablo).	versículo 58
Saulo no participó directamente. Él solamente tomó la ropa.	versículo 58

Para pensar: Aunque la persecución a la Iglesia por parte de Saulo fue cada vez mayor, ¿podría alguna vez olvidar lo que había visto ese día?

Capítulo 8

1: El segundo paso de Saulo hacia la impiedad

Nótese: *Saulo consentía en su muerte.*   versículo 1

    Una gran persecución   versículo 1

    Todos fueron esparcidos   versículo 1

    Por las tierras de Judea y de Samaria   versículo 1

    Salvo los apóstoles   versículo 1

2: El entierro de Esteban

Nótese: *Hombres piadosos ... hicieron gran llanto sobre él (Esteban).* ¿Eran creyentes? ¡Probablemente no!   versículo 2

3: El tercer paso de Saulo

Nótese: *"Asolaba la iglesia"*. Su persecución había llegado a ser física.   versículo 3

4: La actividad de los que fueron dispersos

Nótese: *"Iban por todas partes anunciando el evangelio"*. La tragedia fue tornada en victoria. El sufrimiento temporal tuvo su propósito divino.   versículo 4

5-25: Felipe y el avivamiento en Samaria

Nótese: El tema de la predicación era *"Cristo"*.   versículo 5

    La reacción y el por qué   versículo 6

    Las señales   versículo 7

    El resultado   versículo 8

    Simón   versículo 9

    Había *"engañado a la gente"*.   versículo 9

    Al parecer, lo aceptaron como el Mesías.   versículos 10-11

    El bautismo en agua   versículo 12

5-25: Felipe y el avivamiento en Samaria (continuación)

Nótese: Milagros y señales	versículo 13
¿Fue Simón genuinamente convertido?	versículo 13
Pedro y Juan fueron enviados.	versículo 14
Oraron para recibir el Espíritu Santo.	versículo 15
La imposición de manos	versículo 17
La segunda llenura del Espíritu registrada	versículo 17
Simón, interiormente, deseó continuar con su maldad.	versículos 18-19
Pedro, y los dones del Espíritu	versículos 20-23
Los dones de Dios no pueden ser comprados.	versículo 20
No tienes tú parte ni suerte... Tu corazón no es recto.	versículo 21
Arrepiéntete, pues, de esta tu maldad, y ruega a Dios, si quizás te sea perdonado el pensamiento de tu corazón.	versículo 22
Percepción espiritual	versículo 23
La reacción de Simón: *"Rogad vosotros por mí al Señor".*	versículo 24
Más testimonios y predicaciones	versículo 25
El evangelio es llevado a muchos pueblos samaritanos.	versículo 25
Otro paso cumplido en el plan de Cristo para la evangelización.	Véase Hch. 1:8

26-40: Felipe y el etíope eunuco

Nótese: Un ángel habló a Felipe.	versículo 26
Felipe obedeció.	versículo 27
El objeto de la misión era solamente un hombre, pero un *"funcionario"*.	versículo 27
Hambre espiritual	versículos 27b-28
La lectura de las Escrituras	versículo 28
El Espíritu habló a Felipe.	versículo 29
Felipe obedeció.	versículo 30

26-40: Felipe y el Etíope eunuco (continuación)

Nótese: El deseo espiritual	versículos 31 y 34
Las Escrituras	versículos 32-33
Predicando a un hombre	versículo 35
El uso de las Escrituras	versículo 35
El tema: *"Jesús"*	versículo 35
El bautismo en agua	versículos 36-38
Si crees de todo corazón	versículo 37
Descendieron ambos al agua	versículo 38
Milagros especiales	versículos 39-40
El regocijo	versículo 39
El evangelio predicado *"en todas las ciudades"*	versículo 40

Para pensar: ¿Fue esta *"gran persecución"*, notada en el versículo 1, la única manera con la que el Señor podía motivar a los discípulos para llevar a cabo su plan maestro para la evangelización del mundo?

Capítulo 9

1-9: La conversión de Saulo

Nótese: Saulo estaba completamente lleno de maldad; *"respirando aún amenazas y muerte"*.	versículo 1
Intentó aumentar la persecución.	versículos 1-2
Le rodeó un resplandor de luz del cielo.	versículo 3
Él *"oyó una voz."*	versículo 4
Dura cosa te es dar coces contra el aguijón.	versículo 5
El mandamiento del Señor	versículo 6
Los demás oyeron una voz, pero no vieron a nadie.	versículo 7
Saulo obedeció.	versículo 8
Fue cegado.	versículos 8-9
Ayunó.	versículo 9

10-19: El ministerio de Ananías a Saulo

Nótese: Las visiones	versículo 10
El mandamiento del Señor	versículos 11-12
Él [Saulo] ora.	versículo 11
Saulo recibió la misma revelación.	versículo 12
Ananías no quiso obedecer.	versículos 13-14
El gran y santo llamado a Saulo: *"Instrumento escogido me es éste, para llevar mi nombre en presencia de los gentiles, y de reyes, y de los hijos de Israel."*	versículo 15
Sufrimiento físico fue predicho.	versículo 16
Ananías obedeció.	versículo 17
La imposición de manos	versículo 17
La sanidad	versículos 17-18

10-19: El ministerio de Ananías a Saulo (continuación)

Nótese: El bautismo en el Espíritu Santo.	versículo 17
El bautismo en agua.	versículo 18
"Algunos días con los discípulos"	versículo 19

20-22: El inicio del ministerio de Saulo

Nótese: *Enseguida predicaba*	versículo 20
Su tema: *"Cristo"*	versículo 20
Todos los que le oían estaban atónitos	versículo 21
¿No es éste?	versículo 21
Saulo mucho más se esforzaba.	versículo 22
Y confundía a los judíos.	versículo 22

23-25: Persecución

Nótese: El perseguidor es perseguido	versículo 23
Los judíos resolvieron en consejo matarle.	versículo 23
Dios le mostró a Saulo lo que hacían.	versículo 24
Y ellos guardaban las puertas de día y de noche para matarle.	versículo 24
Saulo escapó de noche.	versículo 25
"Los discípulos" salvaron su vida.	versículo 25

26-30: La visita de Saulo a Jerusalén

Nótese: *Todos le tenían miedo.*	versículo 26
Bernabé … lo trajo a los apóstoles.	versículo 27
El testimonio de Saulo	versículo 27
Su obra en Jerusalén	versículos 28-29
Los judíos griegos trataban de matarle.	versículo 29
"Los hermanos" salvaron su vida.	versículo 30

31: Un período de descanso en la persecución

Nótese: Crecimiento espiritual y físico de la Iglesia. | versículo 31

El temor del Señor | versículo 31

El fortalecimiento del Espíritu Santo | versículo 31

32-35: La sanidad de Eneas

Nótese: Pedro visitó las iglesias | versículo 32

La condición de Eneas | versículo 33

La sanidad divina | versículo 34

El resultado milagroso: *"todos"*. | versículo 35

Dos ciudades fueron salvadas al ver un milagro. | versículo 35

36-43: La resurrección de Dorcas

Nótese: Su testimonio | versículo 36

Enfermó y murió. | versículo 37

Aunque la mujer estaba ya muerta, los hermanos tenían fe que Dios intervendría. | versículo 38

Pedro, fue con ellos. | versículo 39

Pedro sacó fuera a todas las viudas que lloraban. | versículos 39-40

Los dones del Espíritu en funcionamiento | versículo 40

¡Levántate! | versículo 40

El testimonio | versículo 41

El resultado | versículo 42

¿Más oportunidades para ministrar? | versículo 43

Para pensar: ¿Hubo un período de tiempo entre los versículos 21 y 22 en el cual Saulo se preparó en Arabia, como creen algunos?

Capítulo 10

1-8: Cornelio

Nótese: Un romano, un centurión, un pagano — versículo 1

Había aprendido de los judíos. — versículo 2

La visión — versículos 3-6

El ministerio de los ángeles — versículo 3

Tus oraciones han subido delante de Dios — versículo 4

La orden del Señor — versículo 5

Él te dirá lo que es necesario que hagas. — versículo 6

La obediencia de Cornelio — versículos 7-8

9-33: La lucha de Pedro

Nótese: *"La hora sexta"* (las 12:00, mediodía) — versículo 9

Tuvo gran hambre y quiso comer — versículo 10

El tiempo perfecto de Dios — versículo 10

El éxtasis — versículo 10

La visión — versículos 11-12

La voz — versículo 13

La respuesta de Pedro: *"No"* — versículo 14

Lo que Dios limpió — versículo 15

La voz y la visión se repitieron — versículos 15-16

La llegada de los hombres de Jope — versículos 17-18

Dios vuelve a hacer mandamiento — versículos 19-20

La respuesta de Pedro — versículo 21

La respuesta — versículo 22

La obediencia al fin: *"Al día siguiente"* — versículo 23

9-33: La lucha de Pedro (continuación)

Nótese: La llegada a la casa de Cornelio	versículos 24-25
Cornelio no estaba bien enseñado aún.	versículos 25-26
Pedro se negó a recibir culto.	versículo 26
Halló a muchos que se habían reunido.	versículo 27
Pedro entendió la revelación.	versículos 28-29
Cornelio contó su historia.	versículos 30-33

34-43: Mensaje de Pedro

Nótese: Una nueva revelación	versículos 34-35
El tema: *"Jesucristo"*	versículo 36
La Palabra *se divulgó por toda Judea.*	versículo 37
Un resumen del ministerio de Cristo	versículo 38
Nosotros somos testigos.	versículo 39
La resurrección	versículo 40
Los escogidos	versículo 41
La comisión	versículo 42
La promesa	versículo 43

44-48 Los resultados del ministerio de Pedro

Nótese: *Mientras él todavía hablaba.*	versículo 44
La evidencia aceptada	versículos 45-46
El bautismo en agua	versículos 47-48
Un deseo por más instrucción	versículo 48

Para pensar: ¿Dios oye, o no, la oración de los incrédulos?

Capítulo 11

1-3: La disputa en la Iglesia de Jerusalén

Nótese: *Oyeron los apóstoles y los hermanos.*   versículo 1

Disputaban con él (Pedro).   versículo 2

Pedro había estado entre *"los incircuncisos"*.   versículo 3

4-18: La defensa de Pedro

Nótese: Relató exactamente lo que Dios había hecho. *"Comenzó Pedro a contarles ... lo sucedido"*.   versículo 4

A contarles por orden   versículo 4

Le dio importancia a:

     La visión   versículos 5-10

     La voz   versículos 11-12

     La visión de Ananías   versículos 13-14

     Resultado: *"Como sobre nosotros al principio"*   versículo 15

     La Palabra del Señor   versículo 16

     El don   versículo 17

Oídas estas cosas, callaron, y glorificaron a Dios.   versículo 18

19-26: La obra de los creyentes esparcidos

Nótese: La persecución era una bendición.   versículo 19

Ellos solamente predicaron, al principio, a los judíos.   versículo 19

Algunos de ellos *hablaron también a los griegos.*   versículo 20

Su tema: *"El Señor Jesús"*   versículo 20

El resultado   versículo 21

La reacción de la Iglesia   versículo 22

19-26: El trabajo de los creyentes esparcidos (continuación)

Nótese: La vida y ministerio de Bernabé

Bernabé buscó a Saulo.	versículo 25
Se congregaron allí todo un año.	versículo 26
Los discípulos se les llamó cristianos por primera vez en Antioquía.	versículo 26

27-30: El ministerio de los profetas

Nótese: Los profetas   versículo 27

La profecía de Ágabo	versículo 28
El cumplimiento	versículo 28
La respuesta de los discípulos: *"Cada uno conforme a lo que tenía".*	versículos 29-30
Siguieron un orden dentro de la iglesia: *"A los ancianos".*	versículo 30

Para pensar: Si la Iglesia, en su principio, no estaba libre de la disputa (véase el versículo 1), ¿podemos esperar que la Iglesia del siglo 21 esté libre de ella?

Capítulo 12

1-5: Más persecución

Nótese: *A algunos de la iglesia* — versículo 1

Mató a espada a Jacobo. — versículo 2

Esto había agradado a los judíos. — versículo 3

Procedió — versículo 3

La intención de Herodes — versículos 3-5

Oraba *"sin cesar".* — versículo 5

6-11: La liberación

Nótese: *Pedro durmiendo entre dos soldados, sujeto con dos cadenas* — versículo 6

El ministerio de los ángeles — versículo 7

Una luz resplandeció en la cárcel — versículo 7

Milagros: *"Y las cadenas se le cayeron de las manos."* — versículo 7

La obediencia de Pedro — versículo 8-9

No sabía que era verdad lo que hacía el ángel, sino que pensaba que veía una visión. — versículo 9

La puerta de hierro *"se les abrió por sí misma".* — versículo 10

El ángel se apartó de él. — versículo 10

Pedro volvió en sí. — versículo 11

12-17: La reacción de la iglesia

Nótese: *Muchos estaban reunidos orando* — versículo 12

El ministerio de la joven: *"Una muchacha"* — versículo 13

"De gozo no abrió la puerta, sino que corriendo adentro, dio la nueva". — versículo 14

Los creyentes presentes dijeron, *"Estás loca. Pero ella aseguraba que así era".* — versículo 15

12-17: La reacción de la iglesia (continuación)

Nótese: *Pedro continuó llamando. Cuando le vieron, se quedaron atónitos.*	versículo 16
Les contó.	versículo 17
Haced saber esto a Jacobo.	versículo 17
Salió, y se fue a otro lugar.	versículo 17

18-19: El resultado entre los incrédulos

Nótese: *No poco alboroto*	versículo 18
Herodes interrogó *a los guardas, ordenó llevarlos a la muerte.*	versículo 19
Pedro fue a vivir en Cesarea.	versículo 19

20-24: La muerte de Herodes

Nótese: Egocentrismo y orgullo	versículos 21-22
El juicio de Dios	versículo 23
El resultado	versículo 24

25: La salida de Bernabé y Saulo, con Juan Marcos, desde Jerusalén

Para pensar: ¿Por qué salió Pedro de Jerusalén en el versículo 17, cuando había hecho justo lo opuesto en 4:31 y en el 5:20-21 y 42?

Capítulo 13

1-3: El llamado a Saulo y Bernabé para la obra misionera

Nótese: *Profetas y maestros*	versículo 1
Ministrando ... al Señor	versículo 2
Ayuno	versículo 2
El Espíritu habló	versículo 2
El llamado de Dios	versículo 2
Más oración y ayuno	versículo 3
La imposición de manos	versículo 3
Obediencia: *"los enviaron lejos"*	versículo 3

4-12: El inicio del primer viaje

Nótese: A Seleucia por tierra, a Chipre por barco	versículo 4
A Salamina	versículo 5
Anunciaban la palabra de Dios en las sinagogas.	versículo 5
Atravesado toda la isla hasta Pafos	versículo 6
El hechicero Barjesús (nombre que significa "contra Jesús")	versículo 6
El deseo de Sergio Paulo	versículo 7
Elimas el mago les resistía	versículo 8
Una palabra de sabiduría	versículos 9-11
La declaración del juicio	versículo 11
El cumplimiento inmediato	versículo 11
La conversión del procónsul	versículo 12
Perge de Panfilia	versículo 13
Juan volvió a Jerusalén	versículo 13
Antioquía de Pisidia	versículo 14

4-12: El inicio del primer viaje (continuación)

Nótese: Ellos *entraron en la sinagoga*	versículo 14
La oportunidad	versículo 15
La predicación de Pablo	versículo 16
El tono de respeto	versículo 16
El uso de la historia bíblica	versículos 17-22
El tema: *"Jesús"*	versículo 23
El testimonio de Juan	versículos 24-25
A vosotros es enviada la palabra de esta salvación	versículo 26
La injusticia de la muerte de Cristo	versículos 27-28
Habiendo cumplido todas las cosas que de Él estaban escritas	versículo 29
La resurrección	versículos 30-34
El uso de las Escrituras	versículos 33-35 y 40-41
La insuficiencia de la ley	versículo 39
La reacción a la predicación	versículo 42-43
Pablo y a Bernabé ... les persuadían a que perseverasen en la gracia de Dios.	versículo 43

44-52: Sigue el ministerio en Antioquía

Nótese: *Se juntó casi toda la ciudad para oír la Palabra de Dios.*	versículo 44
Viendo los judíos la muchedumbre, se llenaron de celos, y rebatían lo que Pablo decía, contradiciendo y blasfemando.	versículo 45
Pablo y Bernabé, hablando con denuedo	versículo 46
Puesto que la desecháis (la Palabra de Dios) ... *nos volvemos a los gentiles.*	versículo 46
El llamado de Dios	versículo 47
Se regocijaban	versículo 48
Y creyeron todos los que estaban ordenados para vida eterna.	versículo 48

44-52: Sigue el ministerio en Antioquía (continuación)

Nótese: Por toda aquella región   versículo 49

Los judíos instigaron a mujeres piadosas y distinguidas, y a los
principales de la ciudad, y levantaron persecución.   versículo 50

La reacción de los apóstoles   versículo 51

Iconio   versículo 51

La persecución no impide la obra de Dios.   versículo 52

Para pensar: ¿Enseña el versículo 48 la predestinación?

Capítulo 14

1-7: El ministerio en Iconio

Nótese: *Entraron juntos*	versículo 1
Creyó una gran multitud.	versículo 1
La persecución	versículo 2
Corrompieron los ánimos de los gentiles contra los hermanos.	versículo 2
Se detuvieron allí mucho tiempo.	versículo 3
Hablaron la Palabra *"con denuedo".*	versículo 3
Señales y prodigios ...	versículo 3
La gente de la ciudad estaba dividida.	versículo 4
Se lanzaron a afrentarlos y apedrearlos.	versículo 5
"Habiéndolo sabido" huyeron.	versículo 6
Listra, Derbe y toda la región circunvecina.	versículo 6
Allí, predicaron el Evangelio.	versículo 7

8-20: El ministerio en Listra

Nótese: Un cojo *"que jamás había andado".*	versículo 8
Pablo percibió que *"tenía fe para ser sanado".*	versículo 9
Los dones del Espíritu	versículo 10
La sanidad	versículo 10
La reacción de los paganos	versículos 11-13
La respuesta de los apóstoles	versículo 14
También somos hombres semejantes a vosotros.	versículo 15
"Os anunciamos que de estas vanidades os convirtáis al Dios vivo".	versículo 15

8-20: El ministerio en Listra (continuación)

Nótese: *En las edades pasadas Él ha dejado a todas las gentes andar en sus propios caminos.*	versículo 16
Dio testimonio *"llenando de sustento y de alegría nuestros corazones".*	versículo 17
Difícilmente lograron impedir que la multitud ...	versículo 18
Más persecución: *"Unos judíos ... y habiendo apedreado a Pablo..."*	versículo 19
Estaban seguros de que estaba muerto.	versículo 19
Un milagro	versículo 20
Entró a la ciudad.	versículo 20
A Derbe	versículo 20

21-28: El ministerio en Derbe y el retorno a Antioquía

Nótese: Hicieron *"muchos discípulos".*	versículo 21
Volvieron a cada ciudad.	versículo 21
El propósito de su visita.	versículo 22
Confirmando... exhortándoles ...	versículos 22-23
Constituyeron ancianos en cada iglesia.	versículo 23
Oración y ayuno	versículo 23
Pasando luego por Pisidia, vinieron a Panfilia.	versículo 24
Habiendo predicado la Palabra en Perge, descendieron a Atalia.	versículo 25
De allí navegaron a Antioquía.	versículo 26
Refirieron cuán grandes cosas había hecho Dios con ellos.	versículo 27
Y se quedaron allí mucho tiempo.	versículo 28

Para pensar: Si tuviera que huir por su vida, ¿se sentiría espiritualmente listo para predicar al pueblo del cual está huyendo? (Véase versículos 5-7.)

Capítulo 15

1-35: El Concilio en Jerusalén y su resultado

Nótese: El problema	versículo 1
Una discusión y contienda no pequeña	versículo 2
Se dispuso que subiesen Pablo y Bernabé a Jerusalén, … a los apóstoles y a los ancianos.	versículo 2
Pasaron por Fenicia y Samaria, contando la conversión de los gentiles; y causaban gran gozo a todos los hermanos.	versículo 3
Fueron bien recibidos en Jerusalén.	versículo 4
Refirieron todas las cosas.	versículo 4
Unos fariseos *"se levantaron".*	versículo 5
Insistieron en que los creyentes gentiles fueran circuncidados, guardando la ley de Moisés.	versículo 5
Y se reunieron los apóstoles y los ancianos para conocer de este asunto.	versículo 6
Después de mucha discusión, Pedro se levantó.	versículo 7
Su tono de respeto	versículo 7
Su llamado	versículo 7
Pedro declaró, "Que *Dios escogió que los gentiles oyesen por mi boca la palabra del evangelio y creyesen".*	versículo 7
Siguió afirmando, *"Dios, que conoce los corazones, les dio testimonio dándoles el Espíritu Santo".*	versículo 8
[Dios] "ninguna diferencia hizo entre nosotros y ellos, purificando por la fe sus corazones".	versículo 9
¿Por qué tentáis a Dios?	versículo 10
La ley es comparable a un yugo.	versículo 10
Por la gracia del Señor Jesús seremos salvos.	versículo 11
Toda la multitud guardó silencio.	versículo 12
Oyeron a Bernabé y a Pablo, que contaban …	versículo 12

1-35: El concilio en Jerusalén y su resolución (continuación)

Nótese: *Grandes señales y maravillas*	versículo 12
El mensaje de Jacobo	versículo 13
Simón (Simón Pedro)	versículo 14
El uso de las Escrituras	versículos 15-17
La predestinación	versículo 18
La sugerencia de Jacobo	versículo 19
No se les inquiete … sino que se les escriba.	versículos 19-20
Que se aparten de las contaminaciones de los ídolos, de fornicación, de ahogado y de sangre.	versículo 20
Pareció bien a los apóstoles y a los ancianos … enviarlos … con Pablo y Bernabé: a Judas … y a Silas, varones principales entre los hermanos.	versículo 22
Los apóstoles y los ancianos … enviaron saludos a los … gentiles que están en Antioquía, en Siria y en Cilicia.	versículo 23
Algunos … os han inquietado con palabras, perturbando vuestras almas.	versículo 24
No dimos orden.	versículo 24
Nos ha parecido bien.	versículo 25
Nuestros amados Bernabé y Pablo … han expuesto su vida.	versículos 25-26
Testigos a "Judas *y a Silas*".	versículo 27
No imponeros ninguna carga más que estas cosas necesarias.	versículo 28
Las cuatro demandas: *"bien haréis".*	versículo 29
La recepción	versículos 30-31
Los profetas	versículo 32
Judas y Silas consolaron … y confirmaron a los hermanos con abundancia de palabras.	versículo 32
Pasaron *"algún tiempo allí".*	versículo 33
Silas se quedó también.	versículo 34

1-35: El Concilio en Jerusalén y su resolución (continuación)	
Nótese: El ministerio de Pablo y Bernabé continuó *"con otros muchos"*.	versículo 35

36-41: La separación de Pablo y Bernabé

Nótese: La carga de Pablo, *"en todas las ciudades"*.	versículo 36
El deseo de Bernabé.	versículos 37

36-41: La separación de Pablo y Bernabé (continuación)

Nótese: El sentimiento de Pablo acerca de Juan Marcos, *"No le parecía bien.[Él] se había apartado de ellos desde Panfilia, y no había ido con ellos a la obra.*	versículo 38
Hubo tal desacuerdo entre ellos.	versículo 39
Bernabé, tomando a Marcos, navegó a Chipre.	versículo 39
Pablo y Silas fueron, *"encomendado por los hermanos"*.	versículo 40
Y pasó por Siria y Cilicia, confirmando las iglesias.	versículo 41

Para pensar: ¿En el versículo 5, fueron los fariseos, quienes causaron la confusión, verdaderos creyentes?

Capítulo 16

1-5: El viaje de Pablo con Silas y Timoteo

Nótese: Derbe y Listra	versículo 1
"Daban buen testimonio de él" (Timoteo).	versículos 1-2
Le circuncidó *"por causa de los judíos"*.	versículo 3
Al pasar por las ciudades, les entregaban las ordenanzas que habían acordado los apóstoles y los ancianos...	versículo 4
El crecimiento diario de las iglesias	versículo 5

6-10: El llamado a Macedonia

Nótese: Frigia y Galacia	versículo 6
Les fue prohibido por el Espíritu Santo hablar la palabra en Asia.	versículos 6
Llegaron a Misia, intentaron ir a Bitinia.	versículo 7
El Espíritu no se lo permitió.	versículo 7
Pasaron por *Misia* y descendieron a *Troas*.	versículo 8
La visión	versículo 9
En seguida procuramos partir.	versículo 10

11-40: Encarcelados en Filipos

Nótese: *Troas ... Samotracia, y ... Neápolis*	versículo 11
A Filipos ... la primera ciudad.	versículo 12
Estuvimos en aquella ciudad algunos días.	versículo 12
Acercándose al río para la oración, hallaron a personas hambrientas por el evangelio.	versículo 13
Lidia: *el Señor abrió el corazón de ella.*	versículo 14
El bautismo en agua	versículo 15
Dios proveía las necesidades de los apóstoles.	versículo 15

11-40: Encarcelados en Filipos (continuación)

Nótese: La oración	versículo 16
La muchacha poseída del espíritu	versículos 16-18
Desagradando a Pablo	versículo 18
Y salió en aquella misma hora.	versículo 18
La reacción de sus amos	versículos 19-23
Y se agolpó el pueblo contra ellos.	versículo 22
Los magistrados, rasgándoles las ropas, ordenaron azotarlos.	versículo 22
Después de haberles azotado mucho.	versículo 23
La cárcel	versículos 23-24
Las cadenas	versículo 24
Ellos, *"orando ... cantaban himnos a Dios".*	versículo 25
Un gran terremoto	versículo 26
El carcelero	versículos 27-29
La pregunta	versículo 30
La respuesta de Pablo	versículos 31-32
El resultado	versículos 33-34
La orden de los magistrados	versículo 35
La sabiduría de Pablo	versículos 36-38
La petición	versículo 39
Ellos *"consolaron"* a los hermanos y partieron.	versículo 40

Para pensar: ¿Fueron los creyentes gentiles libres para aceptar o desechar los decretos del versículo 4?

Capítulo 17

1-10: El ministerio en Tesalónica

Nótese: *Anfípolis y Apolonia, llegaron a Tesalónica, donde había una sinagoga de los judíos.* — versículo 1

Como acostumbraba, … y por tres días de reposo discutió con ellos. — versículo 2

El tema del mensaje: *"Cristo"* — versículo 3

El resultado: *"Algunos de ellos creyeron … de los griegos piadosos gran número, y mujeres nobles no pocas".* — versículo 4

La persecución: *"Los judíos … teniendo celos, tomaron consigo a algunos ociosos, hombres malos, y juntando una turba, alborotaron la ciudad".* — versículo 5

Éstos que trastornan el mundo entero también han venido acá. — versículo 6

Éstos contravienen los decretos del César. — versículo 7

Alborotaron al pueblo. — versículo 8

Los soltaron. — versículo 9

Inmediatamente, los hermanos enviaron de noche a Pablo y a Silas hasta Berea. — versículo 10

10-15: El ministerio en Berea

Nótese: *Entraron en la sinagoga de los judíos* — versículo 10

Eran más nobles … Recibieron la Palabra, con toda solicitud, escudriñando cada día las Escrituras. — versículo 11

Creyeron muchos de ellos, y mujeres griegas de distinción, y no pocos hombres. — versículo 12

Persecución: *"Los judíos de Tesalónica alborotaron a las multitudes".* — versículo 13

Los hermanos enviaron a Pablo que fuese hacia el mar (lejos). — versículo 14

La orden para Silas y Timoteo — versículo 15

16-34: El ministerio en Atenas

Nótese: *Pablo los esperaba … su espíritu se enardecía viendo la ciudad entera entregada a la idolatría.* — versículo 16

16-34: El ministerio en Atenas (continuación)

Nótese: *[Él] discutía en la sinagoga con los judíos y piadosos, y en la plaza cada día.*	versículo 17
Algunos filósofos de los epicúreos y de los estoicos disputaban con él.	versículo 18
Lo llamaron un *"palabrero"*, un *"predicador de nuevos dioses"*.	versículo 18
El tema de la predicación de Pablo: *"Jesús"*	versículo 18
La oportunidad	versículos 19-20
En ninguna otra cosa se interesaban sino en decir o en oír algo nuevo.	versículo 21
La percepción espiritual de Pablo	versículo 22
El tema: *"AL DIOS NO CONOCIDO"*	versículo 23
Él … no habita en templos hechos por manos.	versículo 24
No es *honrado por manos de hombres.*	versículo 25
Él ha hecho todo el linaje de los hombres, para que habiten sobre toda la faz de la tierra.	versículo 26
Él ha prefijado el orden de los tiempos y los límites de su habitación.	versículo 26
Él no está lejos de cada uno de nosotros.	versículo 27
En Él vivimos, y nos movemos, y somos.	versículo 28
No debemos pensar que la Divinidad sea semejante a oro, o plata, o piedra, escultura de arte y de imaginación de hombres.	versículo 29
Dios … ahora manda a todos los hombres en todo lugar, que se arrepientan.	versículo 30
Él ha establecido un día en el cual juzgará al mundo con justicia, por aquel varón a quien designó, dando fe a todos con haberle levantado de los muertos.	versículo 31
Unos se burlaban, y otros decían: Ya te oiremos … otra vez".	versículo 32
Pablo salió de en medio de ellos.	versículo 33
Mas algunos creyeron, juntándose con él; entre los cuales estaba Dionisio el areopagita, una mujer llamada Dámaris, y otros.	versículo 34

Para pensar: ¿Hay una diferencia entre el "discutir" del versículo 2 y el predicar?

Capítulo 18

1-17: El ministerio en Corinto

Nótese: De Atenas a Corinto	versículo 1
Pablo encontró a Aquila y Priscila.	versículo 2
Vivió y trabajó con ellos.	versículo 3
Pablo *discutía en la sinagoga todos los días de reposo, y persuadía a judíos y griegos.*	versículo 4
Pablo estaba entregado por entero a la predicación de la palabra.	versículo 5
La persecución	versículo 6
La reacción de Pablo	versículo 6
Un ministerio nuevo	versículos 7-8
El bautismo en agua	versículo 8
El estímulo de Dios	versículos 9-10
Se detuvo allí un año y seis meses	versículo 11
La oposición	versículos 12-13
La reacción de Galión	versículos 14-17

18 - 22: El retorno

Nótese: *En Siria*	versículo 18
El voto de Aquila	versículo 18
Vino a Éfeso. Entró a la sinagoga, y discutía con los judíos.	
Pablo no consintió en quedarse más tiempo.	versículo 20
Sentía la necesidad de darse prisa para llegar a Jerusalén.	versículo 21
Arribó a Cesarea, saludó a la iglesia, y luego descendió a Antioquía.	versículo 22

23: El inicio del tercer viaje misionero

Nótese: *Después de estar allí algún tiempo, salió.*	versículo 23
Recorriendo … la región de Galacia y Frigia.	versículo 23
Su propósito: *"Confirmando a todos los discípulos".*	versículo 23

24-28: El ministerio de Apolos en Efeso

Nótese: Apolos era *elocuente, y poderoso en las Escrituras … instruido en el camino del Señor, y siendo de espíritu fervoroso.*	versículo 24
Él *hablaba y enseñaba diligentemente.*	versículo 25
Solamente conocía el bautismo de Juan.	versículo 25
Comenzó a hablar con denuedo en la sinagoga.	versículo 26
Le oyeron Priscila y Aquila.	versículo 26
Apolos fue cambiado por el testimonio y enseñanza ellos.	versículo 26
Apolos fue a Acaya, y *fue de gran provecho.*	versículo 27
Con gran vehemencia refutaba públicamente a los judíos, demostrando por las Escrituras que Jesús era el Cristo.	versículo 28

Para pensar: ¿Pablo siempre hacía tiendas para subsistir? ¿En el versículo 9, se encontraba Pablo en un estado de desanimo?

Capítulo 19

1-22: El ministerio en Efeso.

Nótese: *Pablo, después de recorrer las regiones superiores, vino a Éfeso. Allí encontró a "ciertos discípulos".*	versículo 1
El Espíritu Santo era importante para Pablo.	versículo 2
Ni siquiera hemos oído.	versículo 2
El bautismo en agua	versículos 3-5
La imposición de manos	versículo 6
El bautismo en el Espíritu Santo	versículo 6
La evidencia del bautismo	versículo 6
El don de la profecía	versículo 6
Pablo fue a la sinagoga, y *habló con denuedo por espacio de tres meses, discutiendo y persuadiendo.*	versículo 8
La oposición	versículo 9
Un nuevo ministerio	versículo 9
Dos años	versículo 10
Todos los que habitaban en Asia, ... oyeron la Palabra del Señor Jesús.	versículo 10
Milagros extraordinarios	versículo 11
El uso de paños y delantales: *"Las enfermedades se iban de ellos, y los espíritus malos salían".*	versículo 12
El uso falso del nombre del Señor	versículo 13
Los demonios contestaron, *"A Jesús conozco, y sé quién es Pablo."*	versículo 15
El hombre ... saltando sobre ellos, y dominándolos ... ellos ... huyeron ... desnudos y heridos.	versículo 16
Y esto fue notorio ... y tuvieron temor todos ellos, y era magnificado el nombre del Señor Jesús.	versículo 17
El resultado	versículos 18-20
El crecimiento libre de la Iglesia	versículo 20

1-22: El ministerio en Éfeso (continuación)

Nótese: *Macedonia y Acaya*	versículo 21
Pablo se propuso en espíritu ir a Jerusalén.	versículo 21
Me será necesario ver también a Roma.	versículo 21
Timoteo y Erasto fueron enviados a Macedonia.	versículo 22
Se quedó por algún tiempo en Asia.	versículo 22

23-41: El gran disturbio en Éfeso

Nótese: *Un disturbio no pequeño acerca del camino*	versículo 23
Demetrio: *"No poca ganancia"*	versículo 24
Dioses falsos: *"Diana"*	versículo 24
De este oficio obtenemos nuestra riqueza	versículo 25
Este Pablo ... en casi toda Asia, ha apartado a muchas gentes con persuasión, diciendo que no son dioses los que se hacen con las manos.	versículo 26
Hay peligro [que] ... nuestro negocio venga a desacreditarse, ... el templo de ... Diana sea estimado en nada, y comience a ser destruida ... [su] majestad...	versículo 27
...toda Asia y el mundo entero	versículo 27
Se llenaron de ira y gritaron, diciendo: ¡Grande es Diana de los efesios!	versículo 28
La ciudad se llenó de confusión.	versículo 29
Queriendo Pablo salir ... los discípulos no le dejaron.	versículo 30
"Sus amigos" pensaban de la misma manera.	versículo 31
La concurrencia estaba confusa, y los más no sabían por qué se habían reunido.	versículo 32
Alejandro intentó defenderse.	versículo 33
Todos a una voz gritaron casi por dos horas.	versículo 34
La reputación de Éfeso.	versículo 35
Es necesario que os apacigüéis, y que nada hagáis precipitadamente.	versículo 36

23-41: El gran disturbio en Éfeso (continuación)

Nótese: *Estos hombres no son sacrilegos ni blasfemadores.*	versículo 37
Si *tienen pleito contra alguno, audiencias se conceden.*	versículo 38
En legítima asamblea se puede decidir.	versículo 39
No habiendo ninguna causa por la cual podamos dar razón.	versículo 40
Despidió la asamblea.	versículo 41

Para pensar: ¿Sería que el versículo 1 indica que Pablo siempre buscaba a los creyentes locales?

Capítulo 20

1-6: El viaje de Pablo a Macedonia y Grecia

Nótese: Pablo se despide de Éfeso.	versículo 1
Pablo, *después de recorrer aquellas regiones, y de exhortarles con abundancia de palabras*, finalmente *llegó a Grecia.*	versículo 2
Allí él estuvo *"tres meses".*	versículo 3
Las trampas que pusieron los judíos	versículo 3
Los que acompañaban a Pablo	versículo 4
De Filipos, y en cinco días nos reunimos con ellos en Troas.	versículo 6

7-12: La visita a Troas

Nótese: En domingo, reunidos *"los discípulos para partir el pan".*	versículo 7
Pablo predicó un mensaje largo.	versículo 7
Eutico se durmió; cayó de un tercer piso, y murió.	versículo 9
Los dones del Espíritu	versículo 10
Después de haber subido, partido el pan y comido, habló largamente hasta el alba; y así salió.	versículo 11
Eutico quedó bien.	versículo 12

13-16: El viaje

Nótese: Pablo fue a Asón a pie. De allí tomó una nave a Mitilene, Quío, Samos, Trogilio, y Mileto.	versículos 13-15
El deseo de Pablo: *"Si le fuese posible".*	versículo 16

17-38: El mensaje a los ancianos de Éfeso

Nótese: Viajaron a encontrar a Pablo.	versículos 17-18
El mensaje	versículo 18
Con toda humildad, y con muchas lágrimas, y pruebas	versículo 19

17-38: El mensaje a los ancianos de Éfeso (continuación)

Nótese: *No he guardado nada que sea útil para ustedes.*	versículo 20
Anunciaros y enseñaros, públicamente y por las casas.	versículo 20
Testificando a judíos, a gentiles acerca del arrepentimiento para con Dios, y de la fe	versículo 21
Su sentimiento acerca de Jerusalén	versículo 22
El testimonio del Espíritu.	versículo 23
De ninguna cosa hago caso.	versículo 24
Ninguno … verá más mi rostro.	versículo 25
Tenía las manos limpias de sangre de ellos.	versículos 26-27
El Espíritu Santo os ha puesto por obispos, para apacentar la iglesia del Señor.	versículo 28
Lobos rapaces, que no perdonarán al rebaño.	versículo 29
De vosotros mismos se levantarán hombres que hablen cosas perversas.	versículo 30
Velad, acordándoos que por tres años, de noche y de día, no he cesado de amonestar con lágrimas a cada uno.	versículo 31
Ni plata ni oro ni vestidos de nadie he codiciado.	versículo 33
El dar	versículo 35
Se puso de rodillas, y oró.	versículo 36
La tristeza entre los creyentes	versículo 37

Para pensar: ¿Fue correcto que Pablo, segun el versículo 29, sabiendo que atacarían *"lobos rapaces"* a los creyentes, les abandonara?

Capítulo 21

1-16: El viaje de Pablo a Jerusalén

Nótese: Cos, Rodas, y Pátara	versículo 1
Fenicia, Chipre, Siria, y Tiro	versículos 2-3
Pablo permaneció allí por siete días.	versículo 4
El consejo de los hermanos fue *"por el Espíritu"*.	versículo 4
La oración	versículo 5
En Tolemaida, solamente hubo tiempo para saludar a los hermanos.	versículo 7
En *Cesarea* la compañía de Pablo se quedó en la *"casa de Felipe el evangelista"*.	versículo 8
La profecía	versículo 9
Permaneciendo nosotros allí algunos días	versículo 10
La profecía de Agabo	versículos 10-11
La reacción de los demás	versículo 12
La contestación de Pablo: *"Yo estoy dispuesto no sólo a ser atado, mas aun a morir"*.	versículo 13
Como no le pudimos persuadir, desistimos, diciendo: "Hágase la voluntad del Señor".	versículo 14
Después de esos días, hechos ya los preparativos, subimos a Jerusalén.	versículo 15
Sus compañeros	versículo 16

17-40: Pablo arrestado

Nótese: *Los hermanos nos recibieron con gozo.*	versículo 17
La reunión de los ancianos	versículo 18
Les contó una por una las cosas que Dios había hecho entre los gentiles por su ministerio.	versículo 19
Glorificaron a Dios.	versículo 20
La preocupación de los ancianos	versículos 20-22

17-40: Pablo arrestado (continuación)

Nótese: Su sugerencia	versículos 23-25
La obediencia de Pablo	versículo 26
Unos judíos de Asia, ... alborotaron a toda la multitud y le echaron mano.	versículo 27
Sus mentiras	versículos 28-29
Toda la ciudad se conmovió.	versículo 30
Procuraron *ellos matarle.*	versículo 31
La intervención de los soldados romanos	versículos 31-32
Dejaron de golpear a Pablo.	versículo 32
El tribuno, le prendió y le mandó atar con dos cadenas.	versículo 33
Lo mandó llevar a la fortaleza.	versículo 34
Era llevado en peso por los soldados a causa de la violencia de la multitud.	versículo 35
La muchedumbre del pueblo venía detrás, gritando: ¡Muera!	versículo 36
La defensa de Pablo	versículos 37-39
Cuando él se lo permitió, Pablo, estando en pie en las gradas, hizo señal con la mano al pueblo. Y hecho gran silencio...	versículo 40

Para pensar: ¿Cómo podemos explicar el hecho de que Pablo insistió en ir a Jerusalén, a pesar de la advertencia de los hermanos de Tiro?

Capítulo 22

1-21: La defensa de Pablo (cumplimiento parcial de Hechos 9:15)

Nótese: Habló con respeto.	versículo 1
Guardaron más silencio.	versículo 2
Pablo aprovechó la oportunidad para dar su testimonio.	versículo 3
Enfatizó, especialmente:	
El pasado	versículos 3-5
El lugar de su conversión	versículo 6
El tiempo de su conversión	versículo 6
La luz del cielo	versículo 6
La caída	versículo 7
La voz	versículo 7
La conversación	versículo 8
Los testigos	versículo 9
El mandamiento	versículo 10
La visita de Ananías	versículo 12
La sanidad	versículo 13
La llamada	versículos 14-15
El bautismo	versículo 16
El éxtasis	versículo 17
El mensaje	versículos 18-21

22-30: Permitieron a Pablo dirigirse a la multitud

Nótese: *Le oyeron hasta esta palabra.*	versículo 22
La reacción violenta del pueblo	versículos 22-23
El peligro de ser examinado con azotes	versículo 24

22-30: Permiten a Pablo dirigirse a la multitud (continuación)

Nótese: *Le ataron con correas.*	versículo 25
La sabiduría de Pablo: *"Pero yo lo soy de nacimiento".*	versículos 25-29
El tribuno ... tuvo temor.	versículo 29
Al día siguiente, Pablo tuvo la oportunidad única de hablar ante los sacerdotes principales y el Concilio.	versículos 30

Para pensar: ¿Para testificar, es necesario siempre decir todo lo relacionado con nuestra vida pasada? (Véase los versículos 3-5.)

Capítulo 23

1-10: Pablo ante el Concilio

Nótese: Habló con respeto.	versículo 1
No tuvo temor de mirarlos directamente.	versículo 1
Yo con toda buena conciencia he vivido delante de Dios.	versículo 1
Pablo fue golpeado en la boca.	versículo 2
Su reacción	versículo 3
La reprensión	versículo 4
Mostró contrición.	versículo 5
La percepción espiritual	versículo 6
La sabiduría de Pablo	versículo 6
Se produjo disensión … la asamblea se dividió.	versículo 7
Ningún mal hallamos en este hombre; … no resistamos a Dios.	versículo 9
El tribuno temió que Pablo fuera *"despedazado por ellos".*	versículo 10
De nuevo, ordenó a sus soldados salvar a Pablo.	versículo 10

11: La aparición del Señor a Pablo para alentarle

Nótese: No había desobedecido. El Señor le habló, *"Ten ánimo."*	versículo 11
En parte, se había cumplido la profecía.	véase Hch. 9:15
Se cumpliría el resto. Él predicaría en Roma. ¿Cómo llegaría a Roma? Pues, como un criminal, pagado su viaje por el imperio romano.	

12-22: El complot contra la vida de Pablo

Nótese: *No comerían ni beberían hasta que hubiesen dado muerte a Pablo.*	versículo 12
Más de cuarenta hombres hicieron este voto.	versículo 13
Hicieron un plan. Pronunciaron, *"Estaremos listos para matarle".*	versículos 14-15

12-22: El complot contra la vida de Pablo (continuación)

Nótese: A Pablo, Dios le mostró el complot contra su vida.	versículo 16
La reacción de Pablo	versículo 17
Lleva a este joven ante el tribuno.	versículo 17
El tribuno, tomándole de la mano...	versículo 19
El joven volvió a informar.	versículo 20
La súplica del joven	versículo 21
El tribuno le encargó al joven guardarse en silencio.	versículo 22

23-32: Pablo fue enviado a Cesarea

Nótese: *"Doscientos soldados, setenta jinetes y doscientos lanceros"* para su protección	versículos 23-24
La carta del tribuno	versículo 25
El saludo	versículo 26
Este hombre aprehendido por los judíos, y que iban ellos a matar...	versículo 27
Era ciudadano romano	versículo 27
Queriendo saber la causa ...	versículo 28
(No hay) ningún delito ... digno de muerte o de prisión.	versículo 29
Avisado de asechanzas ... contra este hombre	versículo 30
El viaje	versículos 31-32

33-35: Pablo guardó prisión en Cesarea

Nótese: La presentación de Pablo al gobernador	versículos 33-34
La reacción del gobernador	versículo 35
El encarcelamiento	versículo 35

Para pensar: ¿Si las palabras de Pablo en el versículo 3 fueron proféticas (como parecían ser), por qué se disculpó en el versículo 5?

Capítulo 24

1-9: Denuncias contra Pablo

Nótese: Sus acusadores eran el sumo sacerdote, los ancianos, y un orador. | versículo 1

Tértulo comenzó a acusarle. | versículo 2

Debido a ti disfrutamos de gran paz. | versículo 2

Muchas cosas son bien gobernadas en el pueblo por tu prudencia. | versículo 2

Excelentísimo Félix ... con todo gratitud | versículo 3

Te ruego que nos oigas brevemente conforme a tu equidad. | versículo 4

Hemos hallado que este hombre es una plaga, y promotor de sediciones ... y cabecilla de la secta de los nazarenos. | versículo 5

Intentó también profanar el templo. | versículo 6

Los demás judíos *"confirmaban, diciendo ser así todo".* | versículo 9

10-21: La defensa de Pablo ante Félix

Nótese: Habló con respeto. | versículo 10

Se defendió a sí mismo. | versículos 11-13

Usó la oportunidad para testificar. | versículo 14

Así siervo ... creyendo todas las cosas que ... están escritas. | versículo 14

Teniendo esperanza en Dios. Habrá resurrección de los muertos. | versículo 15

Procuro tener siempre una conciencia sin ofensa ante Dios y ante los hombres. | versículo 16

Defensa adicional | versículos 17-21

22-27: El ministerio a Félix y otros gobernadores

Nótese: Félix estuvo *"bien informado de este Camino".* | versículo 22

Alguna libertad | versículo 23

Otra oportunidad | versículo 24

22-27: El ministerio a Félix y otros gobernadores (continuación)

Nótese: Pablo habló *acerca de la justicia, del dominio propio y del juicio venidero.*

versículo 25

Félix se espantó.

versículo 25

Los propósitos de Félix con Pablo eran malos, pero Pablo no le pagó ningún soborno. En cambio, pudo aprovechar para dar testimonio de Cristo.

versículo 26

No le dejaron libre a Pablo. Al rehusar comprometerse por entregar un soborno, sufrió dos años de encarcelamiento.

versículo 27

Para pensar: ¿Debió Pablo haber dado dinero a Félix para poder ser libre y continuar predicando?

Capítulo 25

1-12: Un nuevo complot contra Pablo

Nótese: Festo viajó a Jerusalén.	versículo 1
Y los principales sacerdotes y los más influyentes de los judíos se presentaron ante él contra Pablo, y le rogaron	versículo 2
Pidiendo contra él, como gracia, que le hiciese traer a Jerusalén; preparando ellos una celada para matarle	versículo 3
La respuesta de Festo	versículos 4-5
¿Si hay algún crimen en él?	versículo 5
Al siguiente día	versículo 6
Muchas y graves acusaciones	versículo 7
Que no podían probar	versículo 7
La defensa de Pablo: ... *he pecado en nada.*	versículo 8
Festo tomó el lado de los acusadores.	versículo 9
La sabiduría de Pablo: *Tú sabes muy bien.*	versículo 10
No rehúso morir ... a César apelo.	versículo 11
El veredicto de Festo	versículo 12

13-27: Pablo ante Agripa y Berenice

Nótese: Festo explicó el caso de Pablo al Rey Herodes Agripa.	versículos 13-14
Él fue *dejado preso.*	versículo 14
Las autoridades judías pidieron *condenación contra él.*	versículo 15
Los derechos de un romano	versículo 16
Ningún cargo presentaron de los que yo sospechaba.	versículo 18
Cuestiones acerca de su religión, y de un cierto Jesús ... que Pablo afirmaba estar vivo.	versículo 19
Yo, dudando	versículo 20

13-27: Pablo ante Agripa y Berenice (continuación)

Nótese: La apelación	versículo 21
Agripa deseaba oír a Pablo también.	versículo 22
La oportunidad de Pablo para hablar ante Agripa, Berenice, Festo, los tribunos y los principales hombres de la ciudad	versículo 23
Con mucha pompa	versículo 23
Que no debe vivir más	versículo 24
Hallando que ninguna cosa digna de muerte ha hecho.	versículo 25
He determinado enviarle.	versículo 25
Me parece fuera de razón enviar un preso, y no informar de los cargos que hay en su contra.	versículo 27

Para pensar: ¿ El complot maquinado por los judíos celosos, para matar a Pablo le sirvió bien en su ministerio?

Capítulo 26

1-32: La defensa de Pablo ante Agripa

Nótese: Estaban presentes Berenice (hermana y esposa de Agripa), Festo (gobernador de Judea), los tribunos y los principales hombres de la ciudad capital.

La oportunidad	versículo 1
Habló con gran respeto.	versículos 2-3
Repasó su vida pasada:	
Su juventud	versículo 4
Su vida como un fariseo	versículo 5
Comenzó su defensa.	versículos 6-8
Volvió a su vida pasada.	
Había estado contra Cristo.	versículo 9
Persiguió a la iglesia en Jerusalén.	versículo 10
Persiguió hasta en el extranjero.	versículo 11
Su misión en Damasco	versículo 12
El tiempo	versículo 13
La luz del cielo	versículo 13
El testimonio	versículo 13
La caída	versículo 14
La voz	versículo 14
La conversación	versículo 15
La comisión	versículos 16-18
La obediencia	versículo 19
Damasco, y Jerusalén ... Judea, y a los gentiles	versículo 20
Que se arrepintiesen y se convirtiesen a Dios, haciendo obras dignas de arrepentimiento.	versículo 20

1-32: La defensa de Pablo ante Agripa (continuación)

Nótese: *Persevero hasta el día de hoy, dando testimonio a pequeños y a grandes.*	versículo 22
El tema: *"Cristo"*	versículo 23
Festo le acusó a Pablo que era un loco.	versículo 24
La respuesta de Pablo	versículos 25-26
Una palabra de ciencia	versículo 27
Por poco me persuades a ser cristiano.	versículo 28
También todos los que me oyen.	versículo 29
Ninguna cosa digna ni de muerte ni de prisión ha hecho este hombre.	versículo 31
A pesar de todo, no le fue otorgado la libertad.	versículo 32

Para pensar: ¿Cuándo debemos guardar silencio, así como Jesús hacía, cuando lo acusaron erróneamente? (Véase versículos 1-2.)

Capítulo 27

1-12: Pablo fue enviado a Roma.

Nótese: Pablo pasó a ser responsabilidad de Julio, un centurión.	versículo 1
El rumbo que van a seguir y un acompañante.	versículo 2
En Sidón Pablo fue bien tratado.	versículo 3
Julio, tratando humanamente a Pablo, le permitió que fuese a los amigos, para ser atendido por ellos.	versículo 3
Navegamos a sotavento de Chipre, porque los vientos eran contrarios.	versículo 4
Cilicia y Panfilia ... Mira	versículo 5
Hallando allí el centurión una nave alejandrina.	versículo 6
Navegando muchos días despacio, y llegando a duras penas frente a Gnido, porque nos impedía el viento, navegamos a sotavento de Creta.	versículo 7
Lasea	versículo 8
Habiendo pasado mucho tiempo, y siendo ya peligrosa la navegación...	versículo 9
Ayuno	versículo 9
Una palabra de sabiduría, percepción espiritual	versículo 10
Veo que la navegación va a ser con perjuicio y mucha pérdida.	versículo 10
El centurión daba más crédito al piloto y al patrón de la nave.	versículo 11
El plan	versículo 12

13-38: La tormenta en el mar

Nótese: *Pareciéndoles que ya tenían lo que deseaban*, navegaron.	versículo 13
No mucho después	versículo 14
Un viento huracanado llamado Euroclidón	versículo 14
Siendo arrebatada la nave ... nos dejamos llevar.	versículo 15
Llamada Clauda ... con dificultad pudimos recoger el esquife.	versículo 16
Teniendo temor de dar en la Sirte, arriaron las velas y quedaron a la deriva.	versículo 17

13-38: La tormenta en el mar (continuación)

Nótese: *Siendo combatidos por una furiosa tempestad ... empezaron a alijar.*	versículo 18
Con nuestras propias manos arrojamos los aparejos ...	versículo 19
No apareciendo ni sol ni estrellas por muchos días ...	versículo 20
Habíamos perdido toda esperanza de salvarnos.	versículo 20
Hacía ya mucho que no comíamos.	versículo 21
Habría sido por cierto conveniente ... haberme oído.	versículo 21
A tener buen ánimo.	versículo 22
Una palabra de conocimiento: *"No habrá ninguna pérdida de vida entre vosotros, sino solamente de la nave."*	versículo 22
El ministerio de los ángeles	versículo 23
¡No temas! Es necesario que comparezcas ante César.	versículo 24
Dios te ha concedido todos los que navegan contigo.	versículo 24
¡Confío en Dios!	versículo 25
Otra palabra de conocimiento	versículo 26
Venida la decimocuarta noche ... a la medianoche.	versículo 27
Ansiaban que se hiciese de día.	versículo 29
Los marineros procuraron huir de la nave.	versículo 30
Otra palabra de conocimiento	versículo 31
La obediencia	versículo 32
El decimocuarto día de ayuno	versículo 33
Fe en la revelación de Dios: *"Ni aun un cabello de la cabeza de ninguno de vosotros perecerá."*	versículo 34
Dio gracias a Dios en presencia de todos.	versículo 35
La fe es contagiosa: *"Entonces todos, teniendo ya mejor ánimo."*	versículo 36
El número de pasajeros y de la tripulación	versículo 37
Aligeraron la nave.	versículo 38

39-44: El naufragio

Nótese: *¿Si pudiesen?*	versículo 39
Enfilaron hacia la playa.	versículo 40
La palabra de Pablo se cumple	versículo 41
Los soldados acordaron matar a los presos.	versículo 42
El centurión, queriendo salvar a Pablo, les impidió este intento.	versículo 43
	versículo 44
Todos se salvaron saliendo a tierra.	

Para pensar: Varias predicciones específicas, que Pablo hizo, se cumplieron. Se destruyó la nave pero no murió ninguno.

Capítulo 28

1-10: Pablo en la Isla de Malta

Nótese: *Malta*	versículo 1
Los naturales nos trataron con no poca humanidad.	versículo 2
La lluvia y el frío	versículo 2
Habiendo recogido Pablo algunas ramas secas.	versículo 3
Una víbora, huyendo del calor, se le prendió en la mano.	versículo 3
Los naturales vieron la víbora.	versículo 4
Ciertamente este hombre es homicida.	versículo 4
Sacudiendo la víbora en el fuego, ningún daño padeció.	versículo 5
Viendo que ningún mal le venía, cambiaron de parecer.	versículo 6
Publio los recibió.	versículo 7
Los enfermos	versículo 8
La oración	versículo 8
La imposición de manos	versículo 8
La sanidad	versículo 8-9
Nos honraron.	versículo 10
Nos cargaron de las cosas necesarias.	versículo 10

11-16: La llegada de Pablo a Roma

Nótese: *Pasados tres meses* (viajaron)	versículo 11
Llegados a Siracusa, estuvimos allí tres días.	versículo 12
Regio y Puteoli	versículo 13
Hallaron hermanos y quedaron *con ellos siete días.*	versículo 14
Roma: *"Los hermanos, salieron a recibirnos."*	versículo 15

11-16: La llegada de Pablo a Roma (continuación)

Nótese: *Pablo agradeció a Dios y tomó valor.*	versículo 15
A Pablo se le permitió vivir aparte, con un soldado.	versículo 16

17-31: Pablo predica en Roma
(Cumplimiento de la parte final de la profecía de Hechos 9:15)

Nótese: Pablo primero habló a los judíos.	versículos 17-20
Estoy sujeto con esta cadena.	versículo 20
El interés de los judíos	versículo 21-22
Vinieron a él muchos a la posada, a los cuales declaraba y les testificaba el reino de Dios desde la mañana hasta la tarde.	versículo 23
Su tema era Jesús.	versículo 23
Algunos asentían a lo que se decía, pero otros no creían.	versículo 24
El uso de las Escrituras	versículos 23 y 25-27
Los judíos se fueron.	versículo 29
Pablo permaneció dos años enteros en una casa alquilada, y recibía a todos los que a él venían.	versículo 30
Predicando el reino de Dios y enseñando acerca del Señor Jesucristo, abiertamente y sin impedimento.	versículo 31

Para pensar: En el versículo 4, cuando Pablo sacudió la víbora, ¿era una reacción de miedo?

La conclusión

Hechos de los apóstoles **no es la historia completa de la Iglesia primitiva, pero provee un buen cuadro de una iglesia que:**

Era joven, nueva de hecho.

Fue formada por judíos y gentiles, pobres y ricos, intelectuales y analfabetos.

Estaba siempre creciendo.

Oraba, ayunaba, y estudiaba la Biblia.

Se preocupaba por las necesidades de sus miembros.

Estaba lista para el sacrificio (no era egoísta).

Fue perseguida, pero no tuvo miedo.

No estaba libre de problemas, diferencias doctrinales, divisiones sobre su dirección, etc.

Tenía una pasión por las almas que no se podía apagar.

El severo contraste entre las dos personas principales de la Iglesia primitiva nos dice mucho acerca de la Iglesia misma.

Pablo (Saulo de Tarso): un joven intelectual que hablaba muchos idiomas, era sabio, muy entendido y había viajado extensamente. Él estudió con los mejores maestros.

Simón Pedro: un pobre pescador analfabeto de Galilea.

Este libro nos enseña acerca de la Iglesia primitiva:

Su doctrina

Sus costumbres

Su organización

Sus ministerios

Sus métodos

... y mucho más

Todos los apóstoles, con la excepción de Juan, murieron

violentamente, como mártires para el Señor.

Santiago, por la espada de Herodes.

Tomás, apuñalado de muerte mientras oraba en una montaña al sur de India, donde estableció una iglesia.

Pedro, crucificado con la cabeza hacía abajo.

Pablo, decapitado alrededor del año 64 d.C. en Roma.

Pero la Iglesia sobrevivió, y todavía vive.

La obra del Espíritu Santo, descrito en *Hechos de los apóstoles*, sigue actualmente, y Él no ha dejado de actuar en la Iglesia. Aún, el libro sigue escribiéndose hoy por los santos en todo el mundo.

¡Amén!

— Notas —

— Notas —

— Notas —

— Notas —

— Notas —